LEARNING STYLES AND
PERSONALIZED TEACHING

# 基于学习风格的
# 差异化教学

〔英〕芭芭拉·普拉西尼格（Barbara Prashnig）

入选《中国教育报》
"教师喜爱的100本书"
之TOP10

中国青年出版社
CHINA YOUTH PRESS

中青文传媒

## 图书在版编目（CIP）数据

基于学习风格的差异化教学 /（英）芭芭拉·普拉西尼格著；郑晓梅译.
—北京：中国青年出版社，2019.12
书名原文：Learning Styles and Personalized Teaching
ISBN 978-7-5153-5843-7

Ⅰ.①基… Ⅱ.①芭… ②郑… Ⅲ.①教学研究 Ⅳ.①G420

中国版本图书馆CIP数据核字（2019）第213616号

## 基于学习风格的差异化教学

作　　者：[英] 芭芭拉·普拉西尼格

译　　者：郑晓梅

责任编辑：肖�嫔

文字编辑：贾倩颖

美术编辑：靳　然

出　　版：中国青年出版社

发　　行：北京中青文文化传媒有限公司

电　　话：010-65511270/65516873

公司网址：www.cyb.com.cn

购书网址：zqwts.tmall.com

印　　刷：大厂回族自治县益利印刷有限公司

版　　次：2019年12月第1版

印　　次：2019年12月第1次印刷

开　　本：787×1092　　1/16

字　　数：70千字

印　　张：12.5

京权图字：01-2019-3525

书　　号：ISBN 978-7-5153-5843-7

定　　价：39.90元

### 版权声明

# LEARNING STYLES AND PERSONALIZED TEACHING

## 目　　录

# 前言

• • •

　　这本书为教师量身打造，语言简洁，内容实用，全面呈现了"学习风格分析"（LSA）和"教学风格分析"（TSA）所用的评估工具。这些工具于20世纪90年代初提出，自此不断被完善、扩展，并得以在世界各地广泛应用。

　　如下图金字塔所示，学习风格（LS）模型共六层，含49个因素。教师可借助这个模型深入了解学生真实的学习需求，进而揭示出在学习难点知识时，学生天生喜欢的风格和后天习得的风格相互之间的影响和作用。

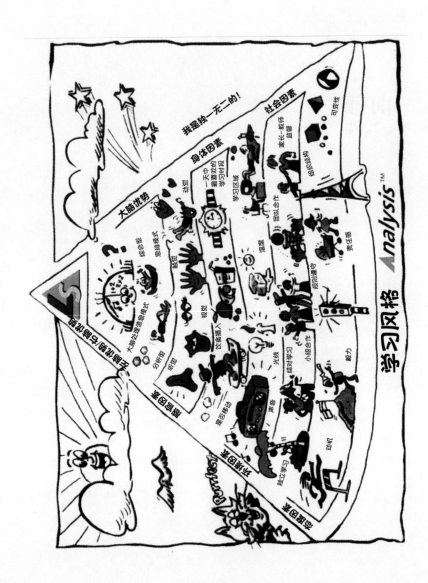

　　30多年来，人们在学术论文中提到"学习风格"一词时，发出的总是质疑、误读、驳斥之声，学术界或者认为这个概念很危险，或者干脆否认其存在。某些教育理论认为，改变课堂教学，提高学生的学习成绩绝非易事，需要进行深入彻底的研究。他们想当然地以为，普通教师根据学生的学习风格，在课堂中运用新的教学方法不可能实现上述目标，所以，这个概念几乎在教育理论中销声匿迹了。

　　然而，成千上万的老师确确实实通过分析学生的学习风格取得了巨大的成功，所以，学习风格这个概念不但没有消失，反而在全球逐渐流行起来。特别是在互联网普及后，学习风格理论的追随者就更多了。不过，我们有必要提醒各位：目前大约有250个网站在做学习风格评估，但并不是所有网站都名副其实。很多网站的评估和测试要么形式太局限，要么内容太简单，甚至有些评估的压根就不是学习风格。一个人的学习风格非常复杂，既有天生的，又有后天习得的，简单的测试根本就没法反映出全貌，只有学习风格分析这种综合全面的评估工具才能真实、全面地反映学生在学习新知识和/或知识难点时的需求。教师进而可以根据分析结果，开展个性化教学，激发每位学生的学习潜能。

　　翻开这本书，你可以在"信息"板块了解学习风格方方面面的知识，在"说明/解释"板块了解相关说明、解读和解决教学问题的小窍门。如果教育工作者能够真正明白学生的学习风格具有多样性，同时能够运用学习风格的分析结果，那他们就能够制定个性化的教案，调整授课方式，以满足学生真正的学习需求。如果能够这样做，班里所谓有诵读困难、学习成绩不好、有"特殊需要"或有多动症的学生将会减少。其实，这些学生也可以学得很好，只不过他们的学习方式与众不同，而这些学习方式是老师（和家长）很难理解的。

# 关于学习的错误理念

## 信息

1. 学生在书桌前坐得端端正正时，学习效果最好。

2. 在明亮的灯光下，学生的学习效果最好；在昏暗的灯光下阅读、学习，对眼睛有害。

3. 课堂上绝不允许随便吃东西。

## 解释

1. 研究表明，很多人在不那么正式的场合表现得更为出色，对孩子们来说，尤为如此。然而，现在的教室大多摆着桌子、木制椅子或塑料凳子，非常正式。坐在这样的椅子上，全身将近75%的重量压在10平方厘米的骨头上，这会压迫臀部，进而让人

觉得极不舒服、疲惫不堪，总想不停地变换姿势。所以，让学生在椅子上坐得笔直，并不一定能提高学生的学习成绩，反倒会让学生烦躁不安，不停乱动。

2. 研究表明，许多学生在光线较暗时表现更出色，而光线过强的话，他们往往坐立不安、过于活跃。在柔和的灯光下，学生很平静，很放松，能够集中注意力，对于擅长综合学习的学生来说，尤为如此。学习成绩差的学生大多喜欢在柔和的灯光下学习，如果让他们在光线较暗的环境里学习，他们更遵守纪律，注意力更集中，成绩更好。一般来说，一个人年龄越小，需要的光就越弱，小孩子阅读时，只要觉得光线舒适就够了。似乎每年长五岁，需要的光线就更强一些。这意味着，成年人比儿童需要更强的光线。

3. 许多学生如果能够一边学习，一边吃吃喝喝、咬咬嚼嚼，这样注意力反倒更集中。你会惊讶地发现，如果允许学生一边学习，一边吃东西或喝水，学生们会更专心；如果不允许学生吃喝，那他们就会咬别的东西，老师们根本没法抑制学生的这种需求。

**信息**

4. 学生没有安安静静地坐好，说明他们还没有做好学习的准备。

5. 学生在清晨最清醒，这时学习比较难的知识效果最好。

6. 学生的年龄越大，越容易适应老师的教学风格。

**解释**

4. 许多学生在学习时喜欢动来动去。教育界曾对此在一所初中有过相关调研，结果表明，在七年级的学生中，有一半喜欢在学习时频繁移动。研究数据表明，与乖乖坐在座位上学习相比，这些学生在不同的教学区内自由活动时，新知识掌握得更快。事实上，在课堂上活跃的学生比乖乖坐着听讲的学生更专心，学到的东西更多，考试分数也更高。

5. 有些学生清晨精神状态最好，我们往往把他们叫作"早起的鸟儿"。但是别忘了，学生中还有一些"夜猫子"，还有一些人

下午最精神呢！什么时候学习，可能要远比学习内容、学习持续
的时间重要得多！有研究表明，如果学生可以选择每天在自己喜
欢的时间段学习，那他们的学习动力更强，学习纪律更好，学习
成绩也提高更快。而在学生喜欢的时间段进行测试，意味着他们

当时处于最佳状态，考试分数自然会有显著的提高。

6. 总体来说，学生的年龄越大，越不喜欢受老师管制，也越不愿意别人替他们安排。不过，他们的学习风格照样千差万别，学习需求也迥然不同。对于大多数学生而言，年龄越大就越独立，越不愿意从众，越热衷于挑战权威。所以，可以适当让他们自己选择学习内容和作业，让他们有机会展示自己已经是个成熟、有责任心的人。

# LEARNING STYLES
# AND PERSONALIZED TEACHING

第 1 章

• • •

# 学习风格分析：
# 有效的学习工具

老师要想成功地向学生教授课程内容，就需要真正了解学生的学习风格。而使用为不同年龄段的学生所设计的"学习风格分析（LSA）工具"，老师可以详细地了解学生的学习需求，既包括生理性需求，也包括习得的需求。对教育者而言，LSA是种教学工具，熟练地应用其结果非常有必要，而且产生的效果最好。

# 学习风格分析调查问卷

## 信息

你可以通过问卷调查开展学习风格分析，可以使用纸质问卷，也可以在线填写。登录以下网址，均可免费获取相关问卷。

www.creativelearningcentre.com/resources.asp

www.networkcontinuum.co.uk/LSA/index.html

填写问卷本身就很发人深省。学生们在详细回答问题的过程中，就能逐渐意识到自己偏好什么样的学习风格。对于很多学生而言，这也是第一次深入了解自己的学习风格，他们以前从来没有思考过怎样学习才能把新的知识点或者是较难的知识点学好。

此调查问卷有不同版本，分别适用于下面三个年龄段：

LSA——低年组（6～14岁）；

LSA——高年组（14～18岁）；

LSA——成人组（18岁以上）。

问卷填好后，可直接在线处理数据，并形成详细的个人报告，个人报告明确了学生偏好的学习风格。此外，网站还配套提供了行为指南，指导教师和家长创造最佳条件，确保学生的学习效果。

**问卷样本：LSA——高年组**

请注意：这不是考试，里面的问题不是为了故意为难你，答案也没有对错之分，只需如实作答即可！

姓名：_____　班级：_____

1A：　____只有在特别安静的环境里，我才能集中注意力。

　　　____阅读或学习时，我需要远离噪声和干扰。

　　　____车辆的噪声、音乐、电视和说话声会分散我的注意力。

　　　____阅读或学习时，旁边有人说话或走动会打扰到我。

**应用**

根据学生的年龄和阅读能力不同，调查问卷可在20～30分钟内答完。

最好精心准备一下，专门向学生简单介绍一下LSA，并重点讲解一下如何回答问卷上的问题。问卷调查结果是否可靠，介绍得好不好很重要，因此必须向学生说清楚，填写调查问卷不是考试，答案没有对错之分，也不会有人不及格。

必须要让学生们明白：LSA问卷有助于提高他们的学习效率和学习成绩；问卷分析结果也有助于学校和教师调整教学方法，改善学习环境，助力学生更好地学习。

在学生登录网站，填写LSA问卷前，请向学生说明以下事项：

1. 填写问卷时，要想象自己正在学习新东西或较难的知识点。
2. 在符合自身情况的选项前打钩。
3. 不用仔细考虑，凭第一感觉选择就行。

4. 在电脑上做问卷时，如果需要，可以伸展一下身体，不过动作要小心，不要打扰其他人。

5. 尽量快速作答，不要撒谎——电脑程序可能识别真伪哦！

6. 真实回答对你我都有好处！

7. 问问学生还有没有其他问题。

### 小贴士

如果学生的年龄较小，你可以和学生一起回答前面几道题，或者把题目大声读出来。关于问卷作答内容不要提示学生，不过可以给他们提供相应的帮助。如果学生在答题过程中有疑问，允许他们随时提问。

# 学习风格分析指导书

LSA——高年组：学生版　　　　　　　　　　　　艾米　分析型

## 图表1　与生俱来的/生理因素

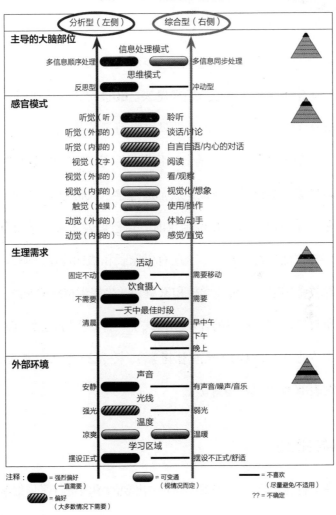

注释：
■ = 强烈偏好（一直需要）
▨ = 偏好（大多数情况下需要）
◖ = 可变通（视情况而定）
— = 不喜欢（尽量避免/不适用）
?? = 不确定

## 说明

在上一页，我们展示了创意学习中心（Creative Learning Centre）借助电脑生成的LSA概览表。20世纪70年代初期，邓恩（Dunn）首次在美国提出了"邓恩学习风格模型"。随后，即1992年，在邓恩工作的基础上，我们对邓恩学习风格模型进行了拓展、改造，提出了LSA概览表。通过学习风格分析，学生可以弄清楚在学习新知识或知识难点时，自己偏爱怎样的学习条件，以及怎样才能学得更好。LSA还有供家长和教师使用的版本，用以指导教师和家长分别在学校和家里为学生提供相应的帮助。

所有LSA结果档案的外观和格式都一样，内容包括封面、概述、个人报告、图表1（生理性因素）、图表2（后天习得因素），以及图表3（学习风格偏好）。

### 特征说明

在个性化报告中，对LSA档案中出现的图表进行了详细解释，包括学生喜欢什么学习风格，不喜欢什么学习风格，是否有一定的灵活性，是否有不确定的地方等方方面面的信息，报告内容一目了然。如果想了解更详细的内容，或者想了解如何在课堂上应用LSA结果，可登录www.creativelearningcentre.com，下载《LSA说明手册》。

考虑到老师通常没有时间解读每一个学生的LSA报告，所以LSA提供了团体报告，用于解读个人报告的手册也同样适用于解读团体报告。

理解LSA报告中的各个因素固然很重要，但了解学生的整体风格更为关键。只有这样，你才可以真正理解学生的学习行为和能力，同时还能找到学生成绩优异或成绩差的理由。

# 学习风格分析特征

**信息**

　　通过LSA特征概述，可以快速了解学生的好恶，从而了解学生怎样才能把新知识或知识难点学得最好，以及学生在学习这些内容的同时，需要避开哪些弯路。但是，概述中没有提及学生在学习风格上具有的灵活性。

# 特征概述

梅利莎，现在你了解自己的学习偏好了，那你就知道怎样学习效果才最好了。

在学校，在做作业的时候，用你喜欢的方式学习吧!

那样，你将获得更优异的成绩。

相反，如果你用自己不喜欢的方式学习，你会觉得学习很难，自己也过得不快乐。

接下来，你可能慢慢不喜欢学校，成绩也不理想，根本显示不出你真正的水平。

所以，无论是在学校、在家里还是在以后的生活中，你最好以适合自己的方式学习。

下面详细描述了你的最佳学习方式。

不妨同你的老师和家人一起讨论一下吧!

## 在学习新知识或知识难点时，
## 我的学习方式涉及的关键点（因素）包括：

**我的偏好**（我如何学习才能达到最佳学习效果）：

### 思维方式：

齐头并进（多信息同步处理）
我喜欢同时做好多事情，不然就会觉得很无聊。

三思而后行（反思型）
我喜欢考虑清楚了再行动。

### 感官：

观察（视觉——外部的）
我需要亲自观察过，才知道怎么做事情，我喜欢观察周围的人和事。

行动（运动的，动手/体验）
我喜欢实地考察，在课堂上动手做东西，还有表演。

感觉（内在动感/直觉）
我喜欢需要学习的东西。

### 生理需求：

蝴蝶型（喜欢上午学习）
在吃午饭前，我的注意力最集中。

夜猫子型（喜欢晚上学习）
我喜欢在快要睡觉前学习。

### 对在教室或家里学习的偏好：无

### 社会因素：无

### 态度：无

**我不喜欢的因素**（对学习无益的因素）：

### 思维模式：
循序渐进（多信息顺序处理）
同时做很多事情的话，我会很困惑。

### 感官：
自言自语（听觉——内部的）
我从来不自言自语。自言自语不适合我。

## 说明

在上一页，我们介绍了LSA特征概述，解释了学生的偏好（学生的最佳学习方式）和非偏好（妨碍学生学好知识难点的因素）二者的差异。我们鼓励学生不管是在学校、在家里，还是在未来的生活中，都要按照适合自己的方式去学习。同时，我们鼓励学生、老师和家长对学习风格分析结果展开讨论。

LSA—学生版的特征概述只有一页内容，仅列出了关键词，并简要进行了解释，它涵盖了学习风格模型的所有因素，从六个方面阐述了学生的好恶：

主导的大脑部位（大脑思维模式）

感官模式（感官）

生理需求（包括一个人的生物钟）

外部环境（学习区域、教室、住宅）

社会因素（和谁一起学习效果最好）

学习态度

学生在学习风格上具有的灵活性在概述中没有提及，不过，你可以把学习网络分析文档翻到最后，在报告背后，对灵活性有三段相关描述。

同样，因为我们关注的是学生的优势，重在帮助学生取得优异的成绩，所以学生觉得模棱两可的地方（在LSA特征概述中，用问号来表示）在概述中也没有提及。

概述中的结论同样适用于年龄较小的学生。LSA的封面上有一个LSA金字塔，小孩子可以给LSA金字塔涂上颜色，用不同的颜色标出偏好。这样的话，他们就可以通过用眼睛观察，动手选择，了解自己的学习风格。

# 学习风格分析特征：生理因素

### 图表1　与生俱来的/生理因素

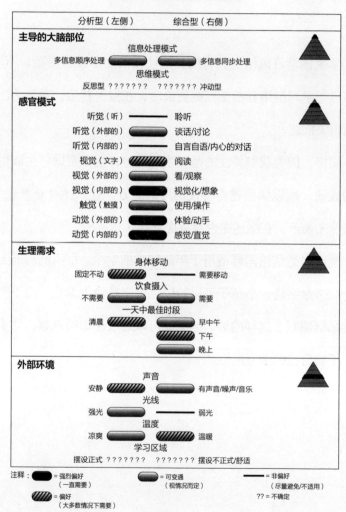

**说明**

LSA金字塔最上面四层显示了学生在集中精力、阅读、做作业或学习新知识或知识难点时的生理需求，具体包括以下因素：

### 1. 左脑主导/右脑主导

从这个因素中，我们可以看出一个学生偏好的信息处理模式（分析型或综合型）、思维模式（反思型或冲动型），以及总体学习风格（分析型或综合型）。

### 2. 感官模式或感知

从这个因素中，可以看出学生对下面几个因素的偏好：听觉（听、谈话、内心对话），视觉（阅读、看/观察、可视化），触觉（操作、触摸），动觉（动手、感觉）。

### 3. 生理需求

这个因素确定的偏好包括：移动性（可移动或固定不动），饮食摄入和嘴部刺激（吃、啃、喝、咀嚼），一天中最佳时间段（个人生物钟）。

### 4. 外部环境

这个因素进一步揭示了学生的偏好，喜欢有声音还是安静，喜欢光线弱还是光线强，喜欢凉爽还是温暖（室内温度），喜欢学习区域有正式的摆设还是学习区域很舒适，没有正式的摆设。

儿童这几方面的好恶是与生俱来的，基本上终其一生都很稳定，通常很难改变。如果一个人的学习方式长期与自身的偏好不匹配，那么他的学习动力就会下降，难以坚持不懈。要想学业成功，学习方式与自身的偏好（尤其是生理方面的偏好）就要基本上匹配，这一点至关重要。只有这样，学生的喜好才能真正成为自身优势，才能真正树立起积极的学习态度。

# 学习风格分析特征：条件性/习得的因素

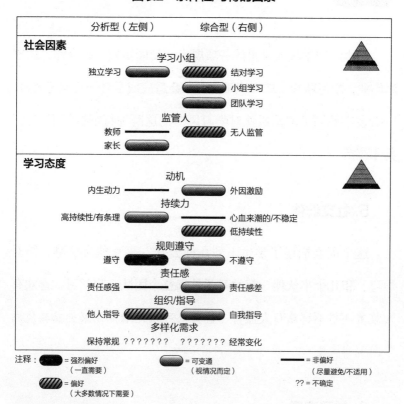

图表2  条件性/习得的因素

生理因素和条件性因素的区别：

图表1中的结论显示了默里在集中精力、阅读或学习新的/较难的知识时的生理需求。这些区域里的偏好或非偏好通常很难改变。如果长时间将这些因素错误搭配，就会削弱他的学习动机、持续性和责任感。因此，为了维持学业的成功，请你确保这些强烈偏好在大部分时间里的正确搭配。

图表2的结论显示了默里学习的条件性因素，还揭示了跟谁在一起他能获得最佳学习效果以及学习新的/较难的知识时的学习态度。这些因素在个人特征里并不十分稳定，会经常变化。当个人的内心或周围环境发生变化时，这些因素通常也随之变化。默里要经常建立积极的态度，这点对他的学业成功很重要，因为这些偏好被合理使用时会变成他的优势。

说明

　　学生遵守学校或家里的各项规定，和同学们一起合作，做家庭作业，学习新知识或知识难点时，会适应或学会一些学习风格，LSA金字塔剩下的两层就对学习风格的这两种特征进行了定义。具体包括：

## 5. 社交群体

　　这个因素描述了学生下列几种偏好，喜欢独自学习、结对学习、和几个小伙伴一起学习还是和整个团队一起学习，喜欢有人监督还是不喜欢有人监督（监督人可以是老师、家长或其他成年人）。

## 6. 学习态度

　　包括动机（内发动力/外因激励）、持续性（高/不稳定/低）、规则遵守（遵守或不遵守/叛逆）、责任感（强/差）、对组织的需求（自我主导还是需要他人指导），以及多样性（喜欢保持常规不变，还是希望有变化和多样性）。

这一部分反映出学生的学习态度、对LSA系统的反应，以及和谁一起学习效果最好等方面的情况。然而，这些因素并不稳定，一个人一生可能要变好几次。如果环境变了，心情变了，这些因素甚至在一天里就会发生巨变。如果一个学生的思想压力大，或者是家中发生剧变（例如，家庭破裂、搬家、有了弟弟或妹妹、家里有人去世、家里有人施压、家里人忽视自己，或者遭受了家庭暴力等），那么LSA报告中就会出现很多问号（不稳定因素）。

问号的存在通常意味着学生正承受巨大的压力，只要压力不减轻，学生就不能像平时一样专心学习，学习效果也不好。在这种情况下，就需要教师和学生信赖的家人向学生伸出援手，帮助学生健康成长。

# LEARNING STYLES
# AND PERSONALIZED TEACHING

第 2 章

• • •

# 学习风格分析
# 特征说明

　　LSA指导书上的信息非常详细，不仅指明了学生偏好的学习风格的整体趋势，而且还深入阐述了每个学生的情况。教师和家长需要了解学生的偏好和灵活性，但更重要的，是要了解学生不喜欢哪些学习方式，因为这些通常会成为学习的杀手。

# 学习风格分析特征：学习风格偏好

信息

**LSA——高年组：家长版**　　　　　　　　　　　　　　　　**格雷琴馈赠**

## 图表3　学习风格偏好

将本图表与图表1（左脑主导/右脑主导）进行比较。

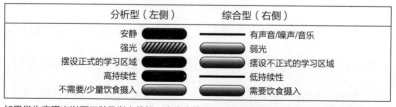

如果学生表现出以下三种及以上偏好，喜欢安静的环境、明亮的光线、正式的学习环境、有毅力（能不间断完成任务）、饮食摄入需求低，则说明这个学生偏好分析型（多信息顺序处理型）学习风格。相反，如果学生偏好嘈杂的环境、柔和的光线、非正式的学习环境、低持续性（同时多任务处理，爆发式完成任务）、需要摄入饮食，那么这个学生就属于综合型学习风格。

**LSA——高年组：家长版**　　　　　　　　　　**格雷琴馈赠**

### 图表1　与生俱来的/生理因素

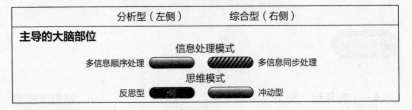

说明

　　图表3揭示了学生总体倾向的学习风格。研究表明，如果学生表现出以下三种及以上偏好，如喜欢安静的环境、明亮的光线、正式的学习环境、较高持续性、不需要饮食摄入，则说明这个学生偏好分析型（多信息顺序处理型、反思型、左脑主导型）学习风格。相反，如果学生偏好嘈杂的环境、柔和的光线、非正式的学习环境、低持续性、需要摄入饮食，那么这个学生就属于综合型（多信息同步处理型、冲动型、右脑主导型）学习风格，成绩不好的学生以及问题学生大多属于后面这个范畴。可以把图表

3与图表1（左/右脑主导情况）进行对比。

　　掌握了这些宝贵的信息后，教师和家长就能了解学生是如何学习，如何解决问题的。成人学习者也一样，有些人逻辑性强、注重细节，而有些人则全凭感觉，往往考虑不到逻辑和次序。无论如何，这两种学习方式都很有价值，但在传统教育中，人们往往希望学生能够采用分析型的学习风格，所以，那些思考、学习方式不同的学生通常在学习中问题不断。就因为他们的学习方式与众不同，他们经常被戴上成绩差的帽子。事实上，这两种方式不分优劣，老师们必须学着根据这两种学习风格来设计教学，确保"一个也不能少"。

　　如果一个学生左右脑都擅长，那意味着他的整合能力强，左右脑的使用无差异。如果学生灵活性强，认为这两种学习方式均可，则意味着在必要时他可以在两种方式之间轻松转换，这种灵活度是很大的学习优势。

# 分析型学习风格偏好

信息

　　LSA报告中的所有图表都能表示出单个因素和整体学习风格（分析型/综合型学习风格）之间的关系。

## 图表1　与生俱来的/生理因素

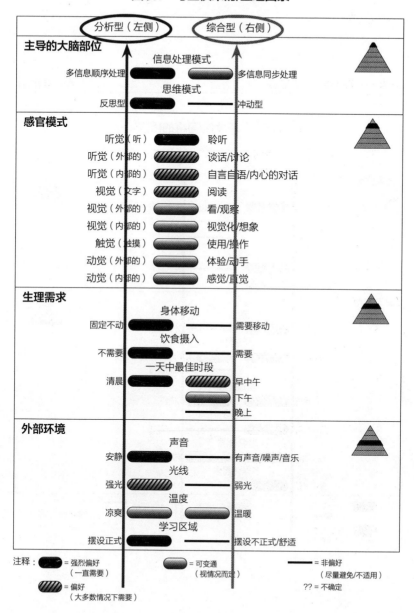

LSA——高年组：学生版                                    艾米　分析型

## 图表2　条件性/习得的因素

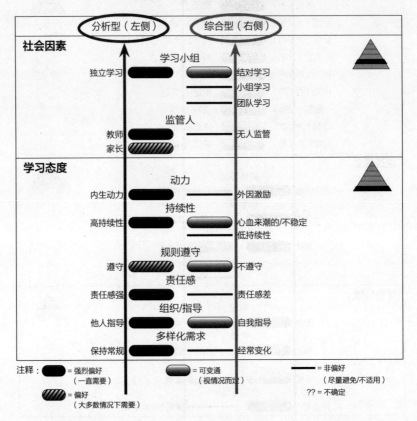

注释：
■ = 强烈偏好（一直需要）
▨ = 偏好（大多数情况下需要）
◖ = 可变通（视情况而定）
— = 非偏好（尽量避免/不适用）
?? = 不确定

## 说明

一般来说，一个人的学习风格往往很复杂，涉及各种因素。不过，大多数人总体还是会有一个明显的偏好，或者是由左脑主导，或者是由右脑主导，只有极少数人同等倚重左右脑。

在上面的两个图表中，学生总体上偏好（已经把灵活性考虑在内）分析型的学习风格，这样的学生在学习文化知识中具有明显的优势。原因就在于，传统的学校依然很直接地认为：老师使用标准的教科书站在讲台前讲课，每天给学生布置作业；学生要大量阅读、讨论，此外还涉及大量电脑操作。在这种教育模式下，学生如果善于分析，注重细节，注重反思，能够一步一步跟着逻辑独立学习，那么他们在学习中将具有优势，成绩也比较优异。

进一步分析显示，这些学生的生理需求通常也与其分析型学习风格相匹配，他们需要传统的学习环境（安静、有正式的摆设、灯光明亮）。与此同时，他们的学习态度也正是成绩优异的学生通常所具备的：高持续性、有责任感、学习动力强、需要他人指导、适合常规学习、遵守规则。

　　此外，因为学习风格和感官相互影响，所以这些学生在感官方面也具有优势，只是在感官方面的优势不像其他因素那么明显，比如，偏好听觉（听讲、讨论）和视觉文字（阅读）显然有利于学习，那些为了学习而学习的"理论"式学习者的学习风格就具有这些特点。只要不把这种"理论"学习者的学习风格当成通用标准，这些偏好本身并没有错。

# 综合型学习风格偏好

## 图表1 与生俱来的/生理因素

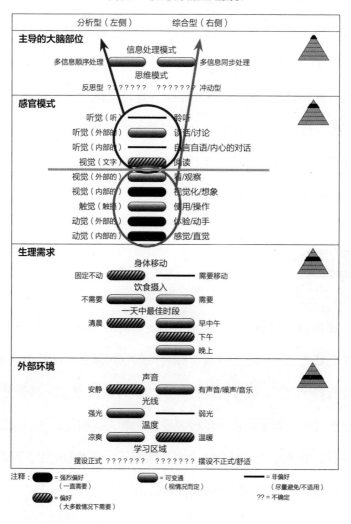

这里有个很有趣的现象：分析型学习风格和综合型学习风格在感官模式方面有什么不同，在视觉元素方面就会有怎样的不同。如果学生不喜欢灰色横线以上的特征，而特别偏好以下的尤其是运动方面的特征，那么，这些学生在进行文化学习时就会遇到难题。因为传统教学无法满足这些非学术方面的学习需求，而这些学生又无法通过听、读以及讨论取得成功，这会导致学生对学习产生消极情绪。

## 说明

在本书第43和第44页的两个图表右侧的偏好，学生总体上偏好（已经把灵活性考虑在内）综合型的学习风格。这样的学生在传统教育中学习，具有明显的劣势。在学习时，他们不擅长分析，也讨厌反思，厌烦一步一步按照逻辑来学习。相反，他们爱发挥自主性，有创造力，社交能力强。他们不是学术型选手，经常做不完作业，而且说话时总转变话题。

　　这些学生在其他方面的偏好也与其综合型学习风格相关，他们的生理需求也和传统的学习环境不匹配。他们通常喜欢音乐，喜欢在昏暗的光线里随意坐着；他们在学习中也不喜欢遵守规则，很叛逆；他们有时表现出有毅力，有时又难以坚持；他们的责任感不强，需要有外因刺激才会学习；他们忍受不了常规的日常学习活动，也不想忍受各种组织结构的约束；他们不喜欢遵守纪律，常常反对权威，这些学习态度不受任何老师的青睐。

　　此外，虽然感官因素与学习风格的关系不像一些极端因素那么明显，但仍然不容忽视，而这些学生恰恰在感官方面有明显的劣势。这些学生不喜欢听觉（听、讨论）和视觉文字（文本阅读），而这些恰恰会导致学习失利。此外，这些学生表现出"非学术"性的触觉和动觉（必须亲自动手或亲身经历）的需求，明显是种障碍。而且，他们喜欢想象，这种想象的需求只有在他们学习学烦了，开始做白日梦时才能被满足了。

# 可变通的学习风格分析特征

### 图表1　与生俱来的/生理因素

| 分析型（左侧） | 综合型（右侧） |
|---|---|

**主导的大脑部位**

信息处理模式
多信息顺序处理 　　　　　　　　多信息同步处理

思维模式
反思型 　　　　　　　　冲动型

**感官模式**

听觉（听）　　　　聆听
听觉（外部的）　　　谈话/讨论
听觉（内部的）　　　自言自语/内心的对话
视觉（文字）　　　阅读
视觉（外部的）　　　看/观察
视觉（内部的）　　　视觉化/想象
触觉（触摸）　　　使用/操作
动觉（外部的）　　　体验/动手
动觉（内部的）　　　感觉/直觉

**生理需求**

身体移动
固定不动 　　　　　　　　需要移动

饮食摄入
不需要 　　　　　　　　需要

一天中最佳时段
清晨 　　　　　　　　早中午
　　　　　　　　下午
　　　　　　　　晚上

**外部环境**

声音
安静 　　　　　　　　有声音/噪声/音乐

光线
强光 　　　　　　　　弱光

温度
凉爽 　　　　　　　　温暖

学习区域
摆设正式 　　　　　　　　摆设不正式/舒适

注释：　■ ＝强烈偏好　　　　■ ＝可变通　　　　— ＝非偏好
　　　　　（一直需要）　　　　　（视情况而定）　　　　（尽量避免/不适用）

　　　　　▨ ＝偏好　　　　　□ ＝适应性弱　　　　?? ＝不确定
　　　　　（大多数情况下需要）　　（可努力适应，受不同
　　　　　　　　　　　　　　　　情况影响）

| 在学习新知识或知识难点时，我的学习风格的关键因素包括： |
|---|
| **我的偏好**（我怎样学得最好） |
| 主导的大脑部位：无 |
| 感官模式：无 |
| 生理需求：无 |
| 外部环境：无 |
| 社会因素：无 |
| 学习态度：无 |
| **我不喜欢的**（在学习知识难点时，我需要避开的东西） |
| 主导的大脑部位：无 |
| 感官模式：无 |
| 生理需求：无 |
| 外部环境：无 |
| 社会因素：无 |
| 学习态度：无 |

如果一个学生的风格特征中，没有明确的好恶，所有方面都是可变通或可适应的，那么，此总结页就没有关键因素存在，看起来大有不同，但各类特征同样有效。

**说明**

　　灵活性或适应性是指学生可以根据环境的变化自动调节，根据需要调整自己的学习风格。这一点在学习中的很多方面是极大的优势，例如，他们可以调整自己的生理需求，适应不同的环境和分组。但在其他方面，过于灵活却有可能成为劣势。

　　可以灵活变化的因素是不稳定的因素，尤其是那些可以灵活变化的感官因素，能够或将发生变化，这取决于他们对学习内容是否感兴趣。如果感兴趣，那他们就会喜欢那一点；等没了兴趣，他们就不喜欢了。我们通过研究发现，学生在感官方面越灵活，他们的学习成绩就越不稳定；而只要学生对学习内容感兴趣，而且有学习动力，他们就能取得好成绩。

　　但是，一旦他们对学习失去兴趣，他们就把自己封闭起来了，甚至为了不学习，假装自己听不懂。成绩不好的学生大多都是这样，这一点使得老师特别困惑。其实，问题在于教师对于这些学生不够了解，只要老师了解了他们的学习风格的特点，就知道怎么帮助他们，怎么激发他们真正的学习潜力了。

　　学生可以在左脑主导和右脑主导之间灵活转换，意味着他们可以自觉地、快速地对问题做出反应。具有一定灵活性的优势就在于，可以根据具体情况来调整思维模式。现代社会，不管是家庭，还是学校中出现的问题，情况都极其复杂，所以可以灵活调整思维模式非常有必要。如果只能综合思考，或者只能分析思考，或者只会深思熟虑或者只会冲动行事，都不利于学生更快、更好地适应学习环境，甚至可能会给学生日后的工作和生活带来麻烦。

第 3 章

· · ·

# 群组学习
# 风格分析

　　如果班级人数较多，老师根本就不可能一对一按照
每个学生的风格偏好开展教学。好在老师可以参考学习
风格分析（LSA）群组报告，把班里学习需求类似的学
生分为一组。这样做，不仅可以避免教与学的风格不匹
配，而且还可以提升教学的适应性。与此同时，教师还
可以深入了解学生是左脑主导还是右脑主导，以及学生
的思维模式。

# 学习风格群组分析结论——偏好

## LSA——高年组　　　　　　　　　15个高年组学生的团体报告

准备：15个高年组学生的团体报告
网络教育出版社　　　　克里斯·狄金森
22/02/04　　　　　　　学生人数：15人

### 偏好百分比 I
（图表中的百分比是指：所有学生中偏好某因素的学生所占的百分比）

| 信息处理模式 | 多信息顺序处理33 | | 多信息同步处理13 |
|---|---|---|---|
| 思维模式 | 反思型26 | | 冲动型20 |
| 感官模式 | 听觉（听） | | 聆听60 |
| | 听觉（外部的） | | 谈话/讨论66 |
| | 听觉（内部的） | | 自言自语/内心的对话66 |
| | 视觉（文字） | | 阅读66 |
| | 视觉（外部的） | | 看/观察73 |
| | 视觉（内部的） | | 视觉化/想象60 |
| | 触觉（触摸） | | 使用/操作66 |
| | 动觉（外部的） | | 体验/动手66 |
| | 动觉（内部的） | | 感觉/直觉60 |
| 身体移动 | 固定不动40 | | 需要移动13 |
| 饮食摄入 | 不需要6 | | 需要73 |
| 一天中最佳时段 | 清晨26 | | 早中午53 |
| | | | 下午33 |
| | | | 晚上26 |
| 声音 | 安静33 | | 有声音/噪声/音乐33 |
| 光线 | 强光33 | | 弱光13 |
| 温度 | 凉爽6 | | 温暖46 |
| 学习区域 | 摆设正式40 | | 摆设不正式/舒适26 |
| 学习小组 | 独立学习6 | | 结对学习53 |
| | | | 小组学习53 |
| | | | 团队学习60 |
| 监管 | 教师6 | | 无人监管6 |
| | 家长26 | | |
| 动力 | 内生动力66 | | 外因激励0 |
| 持续性 | 高持续性/有条理46 | | 心血来潮的/不稳定13 |
| | | | 低持续性13 |
| 规则遵守 | 遵守40 | | 不遵守13 |
| 责任感 | 责任感强40 | | 责任感差13 |
| 组织/指导 | 他人主导60 | | 自我主导6 |
| 多样化需求 | 保持常规13 | | 经常变化53 |
| LS偏好 | 分析型20 | | 综合型6 |

注释 ■■■ = 偏好

## 说明

　　想将教学风格的概念成功引入教学，关键在于找出那些极端的偏好或非偏好，也就是学生特别喜欢什么以及特别讨厌什么，然后把有类似需求的学生分组，之后有针对性地采取各种策略，以适应不同的学习风格。这样，老师不必迎合每一个学生的学习需求，但只要采取行动让教与学的风格相匹配，就会使每位学生受益，尤其是学习新知识或知识难点的时候，效果尤其明显。

　　上一页的图表通过汇总不同学生的LSA特征，显示出偏好某因素的学生所占的百分比。只要账号中的LSA个人报告达到5份，就可以根据需要，进行分类汇总，得出学生群体的整体特征。

　　教师要重视高于60%的因素，在制定教学策略时必须把这些因素考虑在内，要想尽一切办法满足学生的学习需求。例如，如果85%的学生在动用感觉或直觉时学习效果最好，75%的学生学习时需要有人监督，68%的学生在听讲、看书、阅读后需要时间把内容具象化，那么，老师在教学时必须满足学生的这些需求，用适合大多数学生的方式呈现学习内容，让他们一走进教室，就感觉学习的氛围很舒适，方法很适合。同时，作为老师，在学生面前要具有权威性，有权威的前提是让学生信任、听从自己，但不要威胁学生，从而使其产生负面情绪，这样，学生肯定不会专心学习了。

# 学习风格群组分析结论——非偏好

## LSA——高年组　　　　　　　　　　15个高年组学生的团体报告

准备：15个高年组学生的团体报告
网络教育出版社　　　克里斯·狄金森
22/02/04　　　　　　学生人数：15人

### 群组百分比Ⅱ（非偏好）
（图表中的百分比是指：所有学生中非偏好某因素的学生所占的百分比）

| | | | |
|---|---|---|---|
| 信息处理模式 | 多信息顺序处理0 | | 多信息同步处理0 |
| 思维模式 | 反思型20 — | — | 冲动型13 |
| 感官模式 | 听觉（听） | — | 聆听13 |
| | 听觉（外部的） | - | 谈话/讨论6 |
| | 听觉（内部的） | | 自言自语/内心的对话0 |
| | 视觉（文字） | - | 阅读6 |
| | 视觉（外部的） | | 看/观察0 |
| | 视觉（内部的） | | 视觉化/想象0 |
| | 触觉（触摸） | | 使用/操作0 |
| | 动觉（外部的） | - | 体验/动手6 |
| | 动觉（内部的） | | 感觉/直觉0 |
| 身体移动 | 固定不动26 — | - | 需要移动6 |
| 饮食摄入 | 不需要33 —— | - | 需要6 |
| 一天中最佳时段 | 清晨26 — | - | 早中午13 |
| | | — | 下午20 |
| | | — | 晚上26 |
| 声音 | 安静20 — | —— | 有声音/噪声/音乐26 |
| 光线 | 强光0 | —— | 弱光46 |
| 温度 | 凉爽6 - | | 温暖0 |
| 学习区域 | 摆设正式20 | - | 摆设不正式/舒适6 |
| 学习小组 | 独立学习40 | — | 结对学习13 |
| | | — | 小组学习13 |
| | | - | 团队学习6 |
| 监管 | 教师6 - | — | 无人监管13 |
| | 家长6 - | | |
| 动力 | 内生动力0 | —— | 外因激励46 |
| 持续性 | 高持续性/有条理13 — | | 心血来潮的/不稳定0 |
| | | —— | 低持续性33 |
| 规则遵守 | 遵守0 | - | 不遵守6 |
| 责任感 | 责任感强6 - | — | 责任感差20 |
| 组织/指导 | 他人主导0 | - | 自我主导6 |
| 多样化需求 | 保持常规13 - | | 经常变化0 |
| LS偏好 | 分析型13 — | | 综合型0 |

注释 —— = 非偏好

## 解释

上一页的图表通过汇总某个学生群体中不同学生的LSA特征，显示出非偏好因素的学生所占的百分比。

在这里，要重视高于40%的因素，在组织教学活动时，只要有可能，就要尽量避免这些因素。

要关注那些百分比高（大于40%）的因素，在教学中，要尽量避开这些因素（学习态度部分内容除外，这些因素的百分比高也可能说明这些要素不适用于某个类型的学生）。

举个例子来说，如果37%的学生光听讲时，学习效果不好，如果55%的学生发现在下午很难集中注意力，如果43%的学生不喜欢学习时没有人监督，那么，在教学中，就一定要避免上述情况。如果在教学过程中无法避开学生不喜欢的因素，那就要保证他们偏好的其他因素得以实现。

学生学习新知识或知识难点时，如果长时间用不喜欢的方式学习，那么他们的劣势就会越发明显。时间久了，学生会产生挫败感，接下来会出现注意力不能集中、学习没有动力的情况，最终肯定会导致学习困难。许多学生被当作问题学生、差生或有特殊需求的学生，其实，如果让他们以自己喜欢的方式学习，发挥自己的长处，他们本来可以学得很好。

**小贴士**

　　作为一名教师必须明白，学生的学习方法丰富多样。即便他们喜欢的学习方式在你看来很无厘头，也请你尊重学生的个性。就算他们的学习方法有时候看起来很"怪异"，也请尽量支持他们吧！你很快将收获丰厚的回报！

# 学习风格群组分析结论——可变通的因素

**LSA——高年组**　　　　　　　　**15个高年组学生的团体报告**

准备：15个高年组学生的团体报告
网络教育出版社　　　　克里斯·狄金森
22/02/04　　　　　　　学生人数：15人

### 群组百分比 Ⅲ（可变通）
（图表中的百分比是指：所有学生中认为某因素可变通的学生所占的百分比）

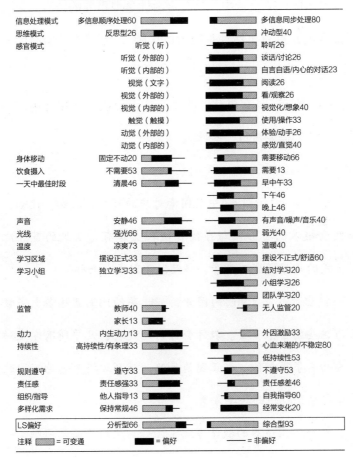

| | | |
|---|---|---|
| 信息处理模式 | 多信息顺序处理60 | 多信息同步处理80 |
| 思维模式 | 反思型26 | 冲动型40 |
| 感官模式 | 听觉（听） | 聆听26 |
| | 听觉（外部的） | 谈话/讨论26 |
| | 听觉（内部的） | 自言自语/内心的对话23 |
| | 视觉（文字） | 阅读26 |
| | 视觉（外部的） | 看/观察26 |
| | 视觉（内部的） | 视觉化/想象40 |
| | 触觉（触摸） | 使用/操作33 |
| | 动觉（外部的） | 体验/动手26 |
| | 动觉（内部的） | 感觉/直觉40 |
| 身体移动 | 固定不动20 | 需要移动66 |
| 饮食摄入 | 不需要53 | 需要13 |
| 一天中最佳时段 | 清晨46 | 早中午33 |
| | | 下午46 |
| | | 晚上46 |
| 声音 | 安静46 | 有声音/噪声/音乐40 |
| 光线 | 强光66 | 弱光40 |
| 温度 | 凉爽73 | 温暖40 |
| 学习区域 | 摆设正式33 | 摆设不正式/舒适60 |
| 学习小组 | 独立学习33 | 结对学习20 |
| | | 小组学习26 |
| | | 团队学习20 |
| 监管 | 教师40 | 无人监管20 |
| | 家长13 | |
| 动力 | 内生动力13 | 外因激励33 |
| 持续性 | 高持续性/有条理33 | 心血来潮/不稳定80 |
| | | 低持续性53 |
| 规则遵守 | 遵守33 | 不遵守53 |
| 责任感 | 责任感强33 | 责任感差46 |
| 组织/指导 | 他人指导13 | 自我指导60 |
| 多样化需求 | 保持常规46 | 经常变化20 |
| LS偏好 | 分析型66 | 综合型93 |

注释 ▨ = 可变通　　　 ■ = 偏好　　　 — = 非偏好

**解释**

在学生的LSA报告中，具有灵活性是很重要的资本。对大部分因素来说，具有灵活性是极大的优势，但并不是所有因素均如此。

图表3展示了具有灵活性的学生的百分比。要想运用图表中的结果，我们需要进行一些计算。

1. 算出图表1和图表3中某因素对应的百分比之和。比如，把偏好饮食摄入的百分比与在饮食摄入上具有灵活性的百分比相加，正式的学习区域、声音、移动性等因素也一样。

2. 找出那些高于80%的因素，如此高的比例意味着大多数学生认为这些因素很重要。教师会惊讶地发现，几乎所有学生对很多因素的需求很相似，也正因为如此，教师才有可能为不同的学生群体定制个性化的教学方案。

3. 组合运用适当的教学方法（比如，运用一些动用触觉、动觉的教学技巧，播放音乐，允许学生在学习时四处走动，如果可能，新知识或知识难点安排在上午讲，等等）。

4. 打开学生群体结论那一页，可以找到每个学生的所有特征，可以轻易看出应该把哪些学生分在一组。

最后，学生在了解了学生群体特征是怎么一回事后，可以学着自己再分组。尤其是那些年级较高的学生，他们对老师的依赖性较低，完全可以自己分组。

**小贴士**

想深入了解灵活性的内容，请参考LSA说明手册。

网址：www.creativelearmingcentre.com/default.asp:page-lsat。

# 学习风格群组分析结论——不确定因素

**LSA——高年组**　　　　　　　　　**15个高年组学生的团体报告**

## 团体结果

克里斯·狄金森

| 成员代码 | 1 | 2 | 3 | 4 | 5 | 6 | 7 | 8 | 9 | 10 | 11 | 12 | 13 | 14 | 15 | |
|---|---|---|---|---|---|---|---|---|---|---|---|---|---|---|---|---|
| **信息处理模式** 多信息顺序处理 | | | | | | | | | | | | | | | | 多信息顺序处理（分析型） |
| 多信息同步处理 | | | | | | | | | | | | | | | | 多信息同步处理（综合型） |
| **思维模式** 反思型 | | | | | | | | | | | | | | | | 反思型 |
| 冲动型 | | | | | | | | | | | | | | | | 冲动型 |
| **感官** 听觉（听） | | | | | | | | | | | | | | | | 聆听 |
| 听觉（外部的） | | | | | | | | | | | | | | | | 谈话/讨论 |
| 听觉（内部的） | | | | | | | | | | | | | | | | 自言自语/内心的对话 |
| 视觉（文字） | | | | | | | | | | | | | | | | 阅读 |
| 视觉（外部的） | | | | | | | | | | | | | | | | 看/观察 |
| 视觉（内部的） | | | | | | | | | | | | | | | | 视觉化/想象 |
| 触觉（触摸） | | | | | | | | | | | | | | | | 使用/操作 |
| 动觉（外部的） | | | | | | | | | | | | | | | | 体验/动手 |
| 动觉（内部的） | | | | | | | | | | | | | | | | 感觉/直觉 |
| **身体移动** 固定不动 | | | | | | | | | | | | | | | | 固定不动 |
| 需要移动 | | | | | | | | | | | | | | | | 需要移动 |
| **饮食摄入** 不需要 | | | | | | | | | | | | | | | | 不需要 |
| 需要 | | | | | | | | | | | | | | | | 需要 |
| **一天中最佳时段** 清晨 | | | | | | | | | | | | | | | | 清晨 |
| 早中午 | | | | | | | | | | | | | | | | 早中午 |
| 下午 | | | | | | | | | | | | | | | | 下午 |
| 晚上 | | | | | | | | | | | | | | | | 晚上 |
| **声音** 安静 | | | | | | | | | | | | | | | | 安静 |
| 有声音/噪声/音乐 | | | | | | | | | | | | | | | | 有声音/噪声/音乐 |
| **光线** 强光 | | | | | | | | | | | | | | | | 强光 |
| 弱光 | | | | | | | | | | | | | | | | 弱光 |
| **温度** 凉爽 | | | | | | | | | | | | | | | | 凉爽 |
| 温暖 | | | | | | | | | | | | | | | | 温暖 |
| **学习区域** 摆设正式 | | | | | | | | | | | | | | | | 摆设正式 |
| 摆设不正式/舒适 | | | | | | | | | | | | | | | | 摆设不正式/舒适 |
| **学习小组** 独立学习 | | | | | | | | | | | | | | | | 独立学习 |
| 结对学习 | | | | | | | | | | | | | | | | 结对学习 |
| 小组学习 | | | | | | | | | | | | | | | | 小组学习 |
| 团队学习 | | | | | | | | | | | | | | | | 团队学习 |
| **监管** 教师 | | | | | | | | | | | | | | | | 教师 |
| 无人监管 | | | | | | | | | | | | | | | | 无人监管 |
| 家长 | | | | | | | | | | | | | | | | 家长 |
| **动力** 内生动力 | | | | | | | | | | | | | | | | 内生动力 |
| 外因激励 | | | | | | | | | | | | | | | | 外因激励 |
| **持续性** 高持续性/有条理 | | | | | | | | | | | | | | | | 高持续性/有条理 |
| 心血来潮的/不稳定 | | | | | | | | | | | | | | | | 心血来潮的/不稳定 |
| 低持续性 | | | | | | | | | | | | | | | | 低持续性 |
| **规则遵守** 遵守 | | | | | | | | | | | | | | | | 遵守 |
| 不遵守 | | | | | | | | | | | | | | | | 不遵守 |
| **责任感** 责任感强 | | | | | | | | | | | | | | | | 责任感强 |
| 责任感差 | | | | | | | | | | | | | | | | 责任感差 |
| **组织/指导** 他人指导 | | | | | | | | | | | | | | | | 他人指导 |
| 自我指导 | | | | | | | | | | | | | | | | 自我指导 |
| **多样化需求** 保持常规 | | | | | | | | | | | | | | | | 保持常规 |
| 经常变化 | | | | | | | | | | | | | | | | 经常变化 |

注释：⬤ 强烈偏好　⬤ 偏好　— 可变通　⬤ 不喜欢　?? 不确定

## 解释

上页的LSA团体报告中，展示了团队里每个学生的学习风格的特点。

对每个学生而言，出现的问号越多，说明这个学生越有可能：

- 正承受巨大的压力；
- 现在很困惑；
- 在这些方面的偏好正在发生变化；
- 有阅读困难或者不理解问卷上的问题（这种情况很少见）。

问号的存在通常说明学生目前存在一些问题（大多是因为学生家中出现了困难或变故），所以看是否有问号，就能分辨出学生是否正在承受巨大的压力，辨识度非常高。

因为各种不稳定因素的存在，学生的行为会出现异常，会缺乏学习动力，导致学习出现困难，成绩变差，失去信心，最终从学校辍学。教师一旦看到学生LSA特征中出现了问号，就应该和学生进行沟通，试着找出导致这些因素不稳定的原因，这样对学生的帮助最大。

因为问卷实行匿名制，所以，在不稳定因素这一页结果中不会出现学生的姓名。不过，在生成LSA团体报告时，页面会单独显示学生的姓名、性别和年龄，可以相互进行比对，掌握具体的学生信息。此外，为了方便教师分析结果，系统在明显具有分析型或综合型学习风格的学生姓名前面分别标记了方形和圆形。如果学生名字前没有标记符号，说明这些学生很灵活，可以按照不同的方式分组。

# 分析型/综合型群组分析结论

## 信息

| | | |
|---|---|---|
| 监管 | 有人监管30 | ┃无人监管0 |
| 动力 | 内生动力90 | ┃外因激励0 |
| 持续性 | 高持续性/有条理20 | 心血来潮的/不稳定30 |
| | | ■ 低持续性10 |
| 规则遵守 | 遵守10 | 不遵守40 |
| 责任感 | 责任感强70 | ┃责任感差0 |
| 组织/指导 | 他人指导70 | ■ 自我指导10 |
| 多样化需求 | 保持常规10 | 经常变化50 |
| LS偏好 | 分析型20 | ■ 综合型10 |

注释 ■ = 偏好

**LSA——成人组**

| | | |
|---|---|---|
| 监管 | 有人监管30 | ■ 无人监管10 |
| 动力 | 内生动力100 | ┃外因激励0 |
| 持续性 | 高持续性/有条理40 | ┃心血来潮的/不稳定0 |
| | | ┃低持续性0 |
| 规则遵守 | 遵守30 | 不遵守50 |
| 责任感 | 责任感强80 | ┃责任感差0 |
| 组织/指导 | 他人指导40 | ■ 自我指导20 |
| 多样化需求 | 保持常规10 | 经常变化60 |
| LS偏好 | 分析型50 | ┃综合型0 |

注释 ■ = 偏好

**WSA群组结果（雇员）**

| | | |
|---|---|---|
| 监管 | 老师30 —— | — 无人监管10 |
| | 家长30 —— | |
| 动力 | 内生动力10 – | —— 外因激励50 |
| 持续性 | 高持续性/有条理50 —— | — 心血来潮的/不稳定10 |
| | | —— 低持续性40 |
| 规则遵守 | 遵守30 —— | 不遵守0 |
| 责任感 | 责任感强30 —— | — 责任感差10 |
| 组织/指导 | 他人指导10 – | – 自我指导10 |
| 多样化需求 | 保持常规40 —— | – 经常变化10 |
| LS偏好 | 分析型40 —— | 综合型0 |

注释 —— = 非偏好

LSA——高年组群组（青少年）

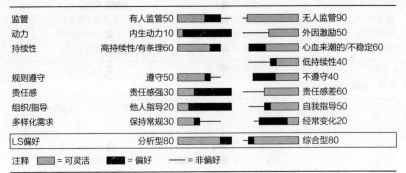

| | | |
|---|---|---|
| 监管 | 有人监管50 | 无人监管90 |
| 动力 | 内生动力10 | 外因激励50 |
| 持续性 | 高持续性/有条理60 | 心血来潮的/不稳定60 |
| | | 低持续性40 |
| 规则遵守 | 遵守50 | 不遵守40 |
| 责任感 | 责任感强30 | 责任感差60 |
| 组织/指导 | 他人指导20 | 自我指导50 |
| 多样化需求 | 保持常规30 | 经常变化20 |
| LS偏好 | 分析型80 | 综合型80 |

注释 = 可灵活 = 偏好 —— = 非偏好

LSA——成人组

**解释**

　　在各个群组百分比图表的底部，还加了一行，显示了整个团队中偏好分析型学习风格或综合型学习风格的百分比。这两个数字非常重要，从中可以看出团队总体上是更加富有逻辑性，擅长分析，更注重细节，还是以感觉为导向，擅长综合，更富有创造性。对团队领袖、老师或是教育培训机构中的工作人员来说，其培训项目、授课、使用的教学方法能否取得成功，了解整个团队的偏好至关重要。

　　老师们通常会用自己喜欢的学习方法来教学，他们往往没有意识到，其实超过半数的学生的学习风格根本就和自己教学所使用的完全不一样。让人倍感难过的是，就因为教与学二者的风格不匹配，导致学生不遵守课堂纪律，成绩差，最终导致付出很高的社会成本。

　　教师和学生都可以更加灵活地在分析型和综合型风格之间转换，但老师要处于主导地位，主动使用不同的教学方法。

**小贴士1**

### 对于分析型学生

帮助他们用整体视角看世界：要关注全局，不要过多纠结细节，多发挥主动性和创造力。

**小贴士2**

### 对于综合型学生

鼓励他们注重细节：让他们列出自己的兴趣爱好，然后帮他们厘清优先次序。让他们跟着你的指导学习，但一定要以一种有趣的方式进行。

**小贴士3**

### 课程复习

把那些学习风格不同的学生分到一个组。

# 双轨制和细分小组

## 信息

在对学习风格的研究中，术语"双轨制"是指每节课有意识地在分析型教学风格和综合型教学策略之间有规律地转换。使用这种方法，所有学生在课堂上就都能被照顾到了。学生们遇到对自己有意义的教学方法和内容，通常不会走神。

也就是说，偏好综合型学习风格的学生，学习时希望全面了解，而且希望课堂氛围不压抑，使自己能够全身心投入，只有这样，他们才能学好，一步步分析、学习反倒让他们困惑不解。

相反，偏好分析型学习风格的学生则喜欢在传统的学习环境中由老师指导着学习，他们喜欢秩序，喜欢有计划地学习，不喜欢超乎意料之外的东西，而没有组织的自发式学习会让他们感觉很不安。

在两种教学风格交替的过程中，你可以随时穿插一些适合所有学生、动用各种感官、是综合型又是分析型的简短的活动，然后，再继续交替。

**LSA——高年组群组特征Ⅲ，显示了分析型学习风格和综合型学习风格整体灵活性**

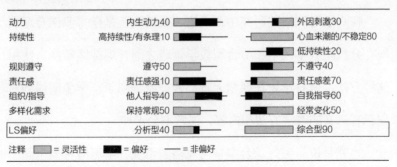

| | | |
|---|---|---|
| 动力 | 内生动力40 | 外因刺激30 |
| 持续性 | 高持续性/有条理10 | 心血来潮的/不稳定80 |
| | | 低持续性20 |
| 规则遵守 | 遵守50 | 不遵守40 |
| 责任感 | 责任感强10 | 责任感差70 |
| 组织/指导 | 他人指导40 | 自我指导60 |
| 多样化需求 | 保持常规50 | 经常变化50 |
| LS偏好 | 分析型40 | 综合型90 |

注释 ▢ = 灵活性　■ = 偏好　── = 非偏好

**应用：同时教分析型和综合型的学生**

首先，将偏好相似的学生分成一组。

为了让两种类型的学生变得更灵活，能适应不同的授课方式，在介绍新知识或知识难点时，可以先讲个有趣的故事，或是自己的一段经历，或者是一个笑话，先让全班同学对知识有全面的掌握，但是注意不要过分注重细节。

其次，让偏好不同学习风格的学生同时做下面的事情：

**分析型学生（左脑主导）**

（1）首先，提供具体的事实和数据（练习题），指令要明确。

（2）其次，提一些封闭式的问题，以小组为单位进行练习。

（3）再次，安排学生根据不同的情境，创造性地运用学到的知识。

（4）最后，复习和强化，可以借助多媒体设备，也可以进行角色扮演，开展创意活动。

**综合型学生（右脑主导）**

（1）首先，进行小组自主练习。

（2）其次，使用多媒体学习工具展示事实和数据。

（3）再次，安排学生根据不同的情境，创造性地运用学到的知识。

（4）最后，是复习和强化，可以给学生布置练习题或进行练习。同时，可以做一些有明确步骤的学习游戏。

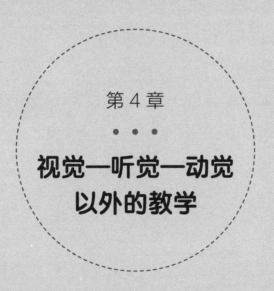

# LEARNING STYLES
# AND PERSONALIZED TEACHING

第 4 章

• • •

## 视觉—听觉—动觉
## 以外的教学

　　学生的分组情况以及对学校和老师的态度会极大地影响学生在感官因素及其他生理性风格上的特征。当老师用学生感兴趣的多媒体技术教学时，他们可以学得很好。但是，如果他们对学习环境不满的话，即便用了很多多媒体技术，学习效果也不会理想。

# 视觉—听觉—触觉—动觉偏好

**信息**

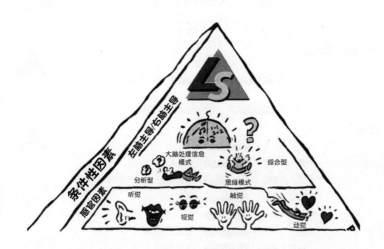

　　教学中涉及的感官越多，需要进行的准备工作就越多，对教学技能的要求也就越高。不过，要想让学生投入学习，尤其是知识难点的学习，让学生的各种感官都动起来，是唯一的办法。

所以，要想让学生记住重要的知识点，那就发动学生的各种感官，这样知识点才记得牢。

**LSA——高年组：学生版**　　　　　　　　　　弗雷迪　灵活性强

### 图表1　与生俱来的/生理因素

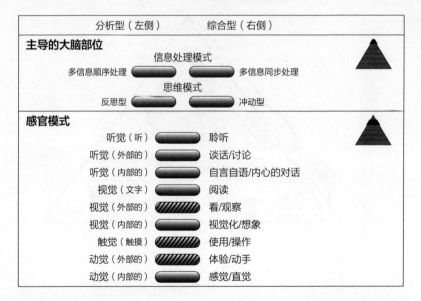

**解释**

　　LSA工具比VAK测试的内容要多，主要原因在于，在感官这个模块，LSA把触觉（动手）和运动（体验/做）这两个因素进行了区别，所以VAK（视觉—听觉—动觉）被拓展为VATK（视觉—听觉—触觉—动觉）。（在VAK测试中，移动需求一并纳入了动觉中。但移动需求是个独立的因素，所以LSA测试将其独立出来了）。

　　偏好动觉（外部的）是指学生要全身投入，亲自体验学习情境才能掌握知识。具体来说，可以指通过身体活动来完成学习任务，也可以指保持身体不动来体会学习（与此相反，如果学生学习时需要移动，是指他们需要四处走动着、摇晃着、摇摆着、动来动去的，才能学习。偏好动觉的学生通常也需要移动身体，但动觉和移动性是两个完全不同的因素）。

　　每个班级都有一些学生（尤其是男生）爱动手，要么玩钢笔，要么用手指乱敲，总之双手就不肯停歇。通常老师会认为这些行为是注意力不集中的表现，其实不然。实际上，他们的行为说明他们是高度偏好触觉的学生，很多人的这种习惯甚至一辈子都改不了。

除了这四种主要的感官（外部的）模块外，内部的听觉、视觉和运动感官模块也起到同样重要的作用。一个人获取信息的过程非常复杂，是大脑偏好的、非偏好的、可变通的各种感官共同作用的结果，此外，还要受到环境、生理需求、年龄和左/右脑主导等的影响。所以，仅仅通过课堂上的观察，根本不可能真正了解学生学习风格特征。

# 视觉—听觉—触觉—动觉非偏好

**信息**

　　LSA报告中图表1中展示了所有的感官模块，并在个性化报告中对各个因素做了详细解释。

# 学习风格

## 活动选项

**A——听觉**

| | |
|---|---|
| 演讲 | 辩论 |
| 讨论 | 评论 |
| 小组讨论 | 采访 |
| 讲座 | 录音 |
| 广播剧 | 广播 |
| 歌曲 | 说唱音乐/合唱 |
| 简单诗歌 | |

**K——动觉**

电视/音像制作
实地考察
体验学习
示范
编剧
做实验
角色扮演
舞台剧
表演
读者剧场*
项目
运动
交叉爬行
模仿电视节目
生活剧场
学生注意事项

**其他选项**

**V——视觉**

写作
讲稿
戏剧
诗歌
歌曲
故事
社论
快讯
广告
信件
评论
报告
日记
杂志
图片
电影胶片
磁带
幻灯片
正片
杂志
报纸剪报
字谜
找字游戏
译码

**T——触觉**

制作
海报
拼贴
面具
木偶
服装
悬挂在天花板的装饰物
立体模型
地势图
电子板
挖洞
学习环
谜语
玩具球
木偶
搭积木
乐高积木
用黏土制模
盲打
触觉/动觉
玩

**T/K**

棋盘游戏
地面游戏
跳舞
演短剧
表演节目
搭建东西
组装东西

**V/T**

绘画
学习地图
设计包裹
图片
曲线图
图表
卡通
壁画
棋盘游戏
用电脑做东西
剧情梗概系列图片
思维导图

## 学生注意事项：

请从图表所列的活动选项中选择一项，你可以随时进行其中多项或所有的活动。

\* "读者剧场"Reader Theatre，是指由两个或两个以上的朗读者，用口语朗读表现戏剧、散文或诗歌——译者注。

**应用**

　　教学中涉及的感官越多，需要进行的准备工作就越多，对教学技能的要求也就越高。不过，多媒体教学能让学生全身心投入学习，尤其是知识难点的学习。所以，要想让学生更好地记住重要知识点，那就应该发动学生的各种感官。我之前写过一本书《行动领域的学习风格》（*Learning Styles in Action*），书中包含了来自不同国家的许多教育从业者的报告，他们在报告中详述了把VATK融入日常教学的实践经历。每份LSA报告中都提供了指南，详细解释了学生在学习新知识或知识难点时应如何使用、整合各种感觉器官。

　　如果学生在感官模块具有灵活性或适应性强，说明学生动用多种感觉器官时，学习效果最好，所以他们就需要老师使用涉及多种感官的教学模式。对他们来说，只用一种或两种感觉器官（例如只听或只读）吸收信息，根本不够，他们很快就会感到兴味索然了。这些学生的特点是，只要感兴趣，他们就可以学会新东西，理解知识难点也不是问题。但是，一旦他们失去兴趣，就会走神，这会导致以前通过哪种感觉器官学习都行，现在就都变得不喜欢了。

这里需要特别指出的是，学习成绩差的学生通常不喜欢通过听觉（听）和视觉（读）符号学习，相反，他们往往特别喜欢通过触觉（动手）和运动（经历、感觉）来学习，他们学习的时候，还特别喜欢移动，也特别喜欢舒适的座椅。因为他们有这样的学习风格偏好，所以在上传统的"写板书—讲课"模式的课时，他们很快就会失去兴趣，要么"人在心不在"，要么坐立不安，开始捣乱。如果教学风格长期和学习风格不匹配，这些学生就会变成高危学生，甚至会退学，最终导致各种不良社会后果。

# 感官群组结论

信息

### 认为可变通的百分比 Ⅲ

（图表中的百分比是指：以下因素中可变通人群所占的百分比）

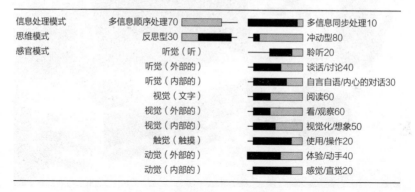

| 信息处理模式 | 多信息顺序处理70 | 多信息同步处理10 |
| 思维模式 | 反思型30 | 冲动型80 |
| 感官模式 | 听觉（听） | 聆听20 |
| | 听觉（外部的） | 谈话/讨论40 |
| | 听觉（内部的） | 自言自语/内心的对话30 |
| | 视觉（文字） | 阅读60 |
| | 视觉（外部的） | 看/观察60 |
| | 视觉（内部的） | 视觉化/想象50 |
| | 触觉（触摸） | 使用/操作20 |
| | 动觉（外部的） | 体验/动手40 |
| | 动觉（内部的） | 感觉/直觉20 |

　　能够创造并根据情况不断调整LS工具，这才是应用学习风格理论的最高境界。没有使用过LS工具的老师就不能算彻底理解教学中的LS概念，没有这些工具，任何LS教学方法都是不完整的。因为只有很少一部分LS工具可以花钱买到，所以老师、家长和学

生需要自己想办法创造新方法，尤其是那些有助于强化偏好视觉/触觉的学生的学习的方法，可参考《行动领域的学习风格》这本书中的内容。

## 应用

运用多感官策略结合群体特征备课时，应该注意以下几点：

1. 找出偏好哪个模块的学生最多（在本书第57页的图表中，百分比大于60%的因素就应该引起重视）。如果很多模块的百分比都很高，那么你很幸运，因为这说明你的学生们可以用多种方法学习知识和难点。

2. 再次核对图表Ⅲ，看看学生对不同教学方式的适应性如何（参考第63页）。

3. 分析学生不喜欢通过哪种感觉器官学习，这样你就能避开大部分学生不喜欢的教学方式。

4. 根据这些结论开始备课。首先要考虑满足学生对最喜欢的感官的需求，其次用学生第二喜欢的方式强化知识，最后再考虑他们的灵活性。

5. 同样的练习可以让所有学生们都做，不过不是同时做同样的练习，而是按照他们的喜好，安排在不同的时间做练习，这种方式可以锻炼学生学习的灵活性。

6. 教授知识难点时，参考有学生姓名的那一页内容，确定哪些学生分在一组练习的效果最好（学生熟悉LS教学后，就可以自己分组了）。

7. 确保授课方式和学生的学习风格相匹配，再做一些用学生喜欢的感官进行的练习。但需要记住的是，在学生首次接触新内容时，最好运用能调动学生多个感觉器官的授课方法。

**小贴士**

鼓励学生制作属于自己的LS工具，可以先在学校制作，然后在家里，可以尝试不同的内容，亲自动手有助于学生学习难懂的内容。

# 运用视觉—听觉—触觉—动觉教新内容

**信息**

左图是新西兰达尼丁福布里小学老师根据对不同感觉器官的偏好对学生进行的分组，分组名单就贴在教室里。

**应用**

在教授新课或较难的课程时，老师要根据LSA报告中有价值的信息，根据学生对于感官的偏好，将学生细分组。

有一条黄金法则是这样的：参考LSA报告的结果，让偏好相同的学生一起学习。乍看上去，分组好像挺复杂的，但是等你熟悉了LSA小组特征，并且知道如何解读后，就显得容易多了。首先，先看群组结论，分析各种感觉器官，看看学生整体上最喜欢通过哪种感官学习，然后再翻到小组成员那一页，找出具体学生的名字。

现在，你就更明白哪些学生可以通过什么活动学习，哪些学生在一起学习最好，以及应该按照什么样的顺序组织练习。

就像上述所说，老师列出这样的名单，就知道哪些学生的偏好相同，也知道哪些学生该从哪种感觉器官下手学习了。可能这些学生以前没有一起玩耍过，也没有一起学习过，但是因为他们偏好的感官相同，所以他们之间能够很快建立起联系。

　　另外，教师应该允许学生用他们最喜欢（也就是有强烈偏好）的风格学习知识难点（如果他们最喜欢的方式不止一种，那说明他们很幸运，学习时可以以多种方式切入）。复习时，应该鼓励学生用他们排在第二位的偏好，然后再用他们认为是两可的方式复习。记住，只有在学生已经掌握新知识之后，才可以让他们试着用不喜欢的方式学习，从而体验不同的方法，进而变得更加灵活。总之，大家如果用自己不喜欢的方式学习新知识或知识难点，那学习过程会是枯燥无味的，可能会导致失败。

# 学习风格分析的生理风格整合

**信息**

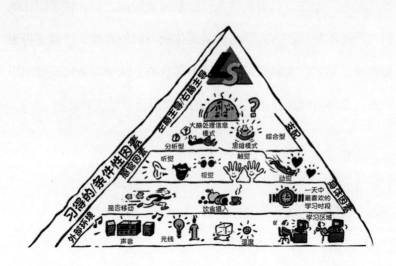

我们的生理结构促使我们在特定的情况下，尤其是在承受压力时做出特定的行为，所以我们不能低估生理因素对学生学习风格的重要性。

许多学生感觉学习压力特别大，所以，老师一定要知道，怎样组合学习风格中各种元素，学生才能学得更好；怎样组合，学生会在学习时处处受挫，导致最终以失败而告终。

通过研究我们发现，一个人在承受压力时，习得的学习风格将不再起作用，学习风格也没有了灵活性。而与生俱来的/生理性的偏好会凸显出来，即使这些风格对学习知识难点、解决问题没有任何作用。

## 解释

LSA金字塔最上面四层中的因素，在很大程度上是由自然需求或生理需求决定的，但是经过多年的外部影响，这些因素通常被隐藏在习得的因素之下，看起来不像是天生的，倒像是后天习得的。

这一点在学生对学习环境的需求方面表现得尤为明显。从表面上看，许多学生偏爱安静的、灯光明亮的、有正规座椅的学习环境。如果他们天生就喜欢这些风格，那他们在传统的教室里就能学得不错。但事实上，他们中的大多数不喜欢那样的传统学习方式，以这种方式学习他们承受着巨大的压力，学习起来也很困难，经常感觉很沮丧。

出现上面的情况，说明学生其实是被迫用某种特定的方式学习，而那些方式正是老师和家长根据传统观念强加在他们身上的。正因为他们天生具有截然不同的学习方式，尽管正规教育向他们灌输了很多年，也没有把他们的方式转变过来。例如，他们学习时，可能周围的环境不能很安静，灯光不能太亮，另外摆设也不需要那么正式，同时他们还需要能够随时移动，随时摄入食物，同时还喜欢通过触觉和动觉，只有这样他们的学习效果才能达到最好。而强迫他们以传统的方式学习，就可能会有负面影响，例如学生失去动力，自卑，最终甚至彻底放弃学习。

所以，老师一定不要强迫学生以某种特定的方式学习，家长也需要理解自己的孩子，必须试着接受孩子天生的风格偏好，并支持孩子用自己独特的方式学习。

# 态度和社会群组

## 信息

学习风格分析

　　LSA金字塔最下面的两层是分组和态度。以前人们认为，一个人天生并不具备这两个模块的能力和知识，所以这两个模块应该是后天习得的，受种种条件的影响。然而，现在看来，这两个模块内也有天生的因素在起作用。在很小的时候，人们还没有接受过任何培训，对这两个模块的偏好就显露出来了，而且通常与其家庭、社会、文化特征不同。

LSA——高年组：家长版                          汤姆　成绩较差

## 图表2　条件性/习得的因素

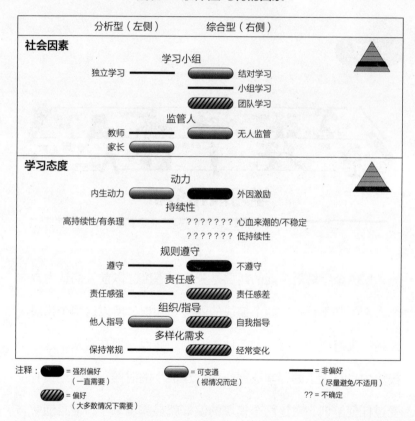

|  | 分析型（左侧） | 综合型（右侧） |
|---|---|---|

**社会因素**

学习小组
独立学习 ——— 结对学习
—— 小组学习
团队学习

监管人
教师 ——— 无人监管
家长

**学习态度**

动力
内生动力 ——— 外因激励

持续性
高持续性/有条理 ——— ??????? 心血来潮的/不稳定
??????? 低持续性

规则遵守
遵守 不遵守

责任感
责任感强 责任感差

组织/指导
他人指导 自我指导

多样化需求
保持常规 经常变化

注释：　■ = 强烈偏好　　　　　 ■ = 可变通　　　　　 — = 非偏好
　　　　　（一直需要）　　　　　　（视情况而定）　　　　　（尽量避免/不适用）
　　　 ▨ = 偏好　　　　　　　　　　　　　　　　　　　?? = 不确定
　　　　（大多数情况下需要）

## 解释

　　人们认为，图表2中的各种特征（参见前一页中的例子）是年幼时在训练中后天习得并发展而来的，和生理特征（见图表1）正好相反，早期研究证实过此结论。

　　然而，过去十年来，人们通过研究表明：图表2中的因素中，至少有一些也是生理性的。不然的话，如何解释有些学生在学习新知识或知识难点时总需要有人陪着，而有些学生更喜欢自己一个人钻研？在同一个家庭长大的兄弟姐妹们，为什么有的喜欢被人管，有的不喜欢呢？为什么有些学生就算家长和老师全力帮忙，甚至是强迫，可还是进取心不强、持续性低、对学习不上心呢？

　　虽然这些风格特征很容易受到主观意志的影响，而且变化很快，但我们发现，有些特征还是比较稳定的，如监督、持续性、遵守规则等，这些特征可能很多年都不会变，也经常带来纪律问题。

　　前一页的LSA报告很典型，高中很多学习有问题的学生就具有上述特征。而且似乎花费再多时间培训、培养习惯都于事无补，他们的行为也没能朝着好的方向变化。然而，如果能够分析他们的学习风格，搞清楚他们的学习风格，让他们在大致遵守学校纪律的前提下，以自己独特的方式学习，他们可以学得很好。很多老师都有亲身体会，帮助差生进步、转变，取得理想的成绩。

LEARNING STYLES
AND PERSONALIZED TEACHING

第 5 章

• • •

"问题"学生的
学习偏好

　　当学生的成绩没有达到预期效果时，反复试验起
不到帮助他们进步的作用，教师必须真正明白问题学
生的学习风格和他们与生俱来的学习需求。多年的教
学风格研究和实践表明，那些不适应传统教学的学生
往往有着独特的学习风格。

# 问题学生的学习风格偏好

信息

### 图表1　生理因素

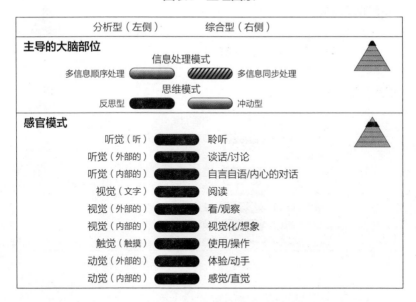

在上面的LSA报告中，学生对各种感官都表现出强烈的偏好，

这说明他"天赋异禀",不管是通过什么方式接收到信息,都可以迅速吸收、处理。很不幸的是,虽然他"天赋异禀",但这一点并不能保证他能学习成功。

**图表1    生理因素**

| 分析型(左侧) | 综合型(右侧) |
|---|---|
| **主导的大脑部位** | |
| 信息处理模式 | |
| 多信息顺序处理 ━━━━━━ ◯◯◯ 多信息同步处理 | |
| 思维模式 | |
| 反思型 ??????? ??????? 冲动型 | |
| **感官模式** | |
| 听觉(听)━━━━━━ 聆听 | |
| 听觉(外部的)◯◯◯ 谈话/讨论 | |
| 听觉(内部的)//////// 自言自语/内心的对话 | |
| 视觉(文字)◯◯◯ 阅读 | |
| 视觉(外部的)■■■ 看/观察 | |
| 视觉(内部的)▒▒▒ 视觉化/想象 | |
| 触觉(触摸)//////// 使用/操作 | |
| 动觉(外部的)■■■ 体验/动手 | |
| 动觉(内部的)━━━━━━ 感觉/直觉 | |

这张图表所显示的学生的特征与上面那个学生完全不同,但也同样说明他用传统的方式学习导致困难重重,他学习新东西喜

欢仔细观察，亲自体验，而且不擅于听老师讲课、讨论、阅读，所以他们学习文化课时觉得很困难。

## 解释

拿到学生的学习风格分析报告后，老师需要留意一些标志性分析结果，要分析如果学生继续接受传统教育和指导，未来必然会遭遇学习滑铁卢的可能性。

受家庭、社会的影响，学生在课堂上不遵守纪律，在学习中出现问题可能有很多原因。即使一个学生很聪慧，有很大的学习潜力，而且获得了很多支持和帮助，他的学习成绩依然可能不好。深入分析这些学生的报告，我们会发现，他们偏好的学习风格确实很难让他们成绩优异，至少不能一直保持优异的成绩。他们或许擅长运动，或许擅长其他非学术类的课题，但在主要的文化课上，他们不管多努力，总是无济于事，成绩也达不到老师和家长的期望。

在比较了世界各地几千名学生的 LSA报告后，我们发现，如果学生有以下特征，那他们在学习中肯定会碰到困难，可能偶尔成绩不稳定，也可能学习一塌糊涂，甚至不得不辍学。

● 学习风格的生理特征不同寻常（例如本书第104页所说的"天赋异禀"）；

● 学习需求与老师分析型、学术型的传统教学方式完全不匹配；

● 因为教与学风格不匹配，不遵守课堂纪律，从而形成了消极的学习态度，表现为捣乱、不配合、不参与（见本书第98页LSA图表2）。

老师们必须明白一个道理：他们教的学生很多，但都是活生生的人，每个人都有自己独特的需求。大众教育曾试着满足学生个性化的需求，在所有的尝试中有的成功了，而有的则失败了。放眼全球，学生学习成绩不好和辍学的情况非常普遍，由此也引发了很多社会问题。

# 非学术型学生的学习风格偏好

汤姆　成绩较差

**图表1　与生俱来的/生理因素**

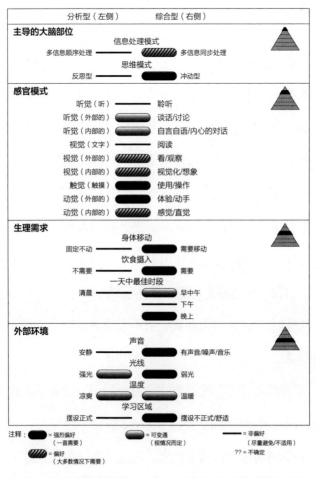

学习时，因为生理需求长期得不到满足，学生将会产生消极的学习态度，日常行为也会随之出现问题。

## 解释

上一页的的LSA特征展示了学生最多有多少个偏好，很多成绩不好的学生都表现出这样的特点。当然，并不是所有成绩不好的学生都有以上这么多特征，多数情况下，只要三到四个学习需求长期得不到满足，学生就会承受很大的压力，如果学习需求得不到满足，学生就会逐渐失去信心，最终干脆就拒绝学习了。

根据在世界各地开展的实地研究，我们发现：学生，尤其是初中生，在学习新知识或者知识难点时，如果下面几点需求得不到满足，引发的问题最为严重。具体包括：

● 右脑主导优势非常明显，听不太懂逻辑性强、循序渐进的分析型授课；

● 不喜欢通过听和读的方式学习新知识，如果学生认为内容很枯燥，没有实际价值的时候，尤为反感；

● 强烈需要触觉和动觉刺激，而这些需求在理论性强的课程中很少得到满足，如果没有亲自参与，动手实践，学生对知识的理解不深入，对学习内容的兴趣被削弱，会产生挫败感，进而会对课程和老师产生消极情绪；

● 不能长时间安静地坐着，需要不停地动来动去，还会在课堂捣乱；

● 因为更喜欢在晚上学习，所以自己的生物钟不适应学校的安排，晚上熬夜导致早上不能集中注意力；

● 喜欢听着背景音乐，在较暗的灯光下，坐着舒适的椅子学习，而这些条件恰恰是传统的教室中所没有的；如果在安静的、灯光明亮的、有正规座椅的教室里学习，他们的身体会承受巨大的压力，根本无法专心学习，可能会导致旷课，最终会导致辍学。

# 学习风格的灵活性导致低成就感

LSA——高年组                                                    灵活性强

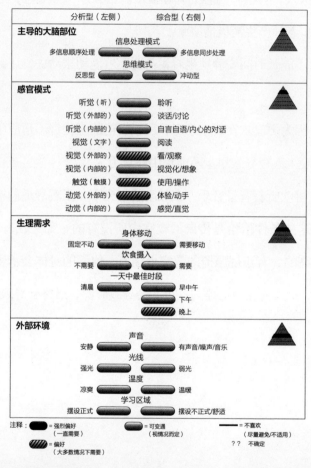

图表1　与生俱来的/生理因素

触动多种感觉器官的教学可以吸引灵活度高的学生的兴趣，会将他们各种灵活性因素加强，最终变成他们偏好的因素。只要他们对一种事物感兴趣，有学习动力，并喜欢老师的授课方式，他们就能学得很好。否则，这种动机不在了，就会导致学习失败。

解释

如果学生的生理需求长期与教学方式不匹配，肯定会导致学生出现各种学习和行为问题。不过还有一个因素会给老师造成极大的压力，那就是：学生的学习风格具有灵活性。

起初人们以为，有灵活性是好事。学生学习风格的灵活性越高，学生越有优势。但是，我们通过实践研究发现，过于灵活可能是学生成绩差、学习不好的原因，许多教师提供的信息也证实了这一点。

事实上，在LSA报告中，不同模块具有灵活性的意义不尽相同。如果是在生理需求和环境这两个因素上具有灵活性，肯定是种优势，因为学生可以迅速调整，适应变化。如果是主导的大脑部位可以灵活切换，则说明可从一种思维方式自由转换为另一种思维模式，这种灵活性尤其有用，在学习知识难点时，具有很大优势。

不幸的是，如果是喜欢的感官具有灵活性，实际上是一种劣势。当这样的学生必须只能通过使用不喜欢的一种感觉器官（例如听觉/听或视觉/阅读）吸收信息时，他们很快就会失去兴趣，他们通常需要同时刺激多种感觉器官，才能学好，否则他们根本不能集中注意力。对于这些学生来说，兴趣是影响学习最重要的因素。如果他们感兴趣，不管使用哪种感觉器官都能学得很好；相反，如果不感兴趣，他们就记不住任何关键信息。一旦在课堂上感觉无聊，他们本来觉得还可以的感官就成了他们讨厌的学习方式了。

### 小贴士

在授课，尤其是新课或难点很多的课程时，教师要组织学生同时使用多种感觉器官的活动（见本书第81页）。这样，所有学生都会觉得学习过程更有趣、更适合自己，他们学到的东西也会更多。

# 学生对一天中某时段的偏好

**信息**

## 学习风格分析

| 高年组 7/06/01 | 准备：样本组 小组总人数：10人 |
|---|---|

### 小组百分比 I（偏好）
图表显示了偏好下面因素的学生所占百分比

| 主导的大脑部位 | 多信息顺序处理10 ■ | ■ 多信息同步处理60 |
|---|---|---|
| 思维模式 | 反思型20 ■ | ■ 冲动型60 |
| 感官模式 | 听觉（听） | ■ 聆听20 |
| | 听觉（外部的） | ■ 谈话/讨论10 |
| | 听觉（内部的） | ■ 自言自语/内心的对话40 |
| | 视觉（文字） | 阅读10 |
| | 视觉（外部的） | ■ 看/观察40 |
| | 视觉（内部的） | ■ 视觉化/想象30 |
| | 触觉（触摸） | ■ 使用/操作70 |
| | 动觉（外部的） | ■ 体验/动手40 |
| | 动觉（内部的） | ■ 感觉/直觉60 |

青少年（见LSA——高年组报告）与已经就业的人（见WSA——企业报告）偏好的时间段差别很大，在其他方面也有明显的区别。

## 工作风格分析

| 企业<br>7/06/01 | 准备：样本组<br>小组总人数：10人 |
|---|---|

### 小组百分比Ⅰ（偏好）

图表显示了偏好下面因素的人群所占百分比

| 主导的大脑部位 | 多信息顺序处理0 | 多信息同步处理40 |
|---|---|---|
| 思维模式 | 反思型60 | 冲动型10 |
| 感官模式 | 听觉（听） | 聆听70 |
| | 听觉（外部的） | 谈话/讨论70 |
| | 听觉（内部的） | 自言自语/内心的对话10 |
| | 视觉（文字） | 阅读40 |
| | 视觉（外部的） | 看/观察10 |
| | 视觉（内部的） | 视觉化/想象70 |
| | 触觉（触摸） | 使用/操作20 |
| | 动觉（外部的） | 体验/动手50 |
| | 动觉（内部的） | 感觉/直觉50 |
| 移动性 | 固定不动50 | 需要移动30 |

### 说明

在学习较难的内容时，学生的生物钟（对时间段的偏好）对学习效果有很大的影响。

放眼全球，所有学校的时间安排几乎都差不多：早上安排文化课，下午安排非学术类的副课。这样安排，主要是考虑到了老师的生物钟，但对于学生来说，则有欠妥当，因为学生好像和成人的生物钟不同，他们在早上很难集中注意力。比较上面的两张图表，我们可以看出学生和成人的明显差别。每每比较成人和学生的分析结果，我们都会发现类似的情况。高中的学生大多是快到吃午饭了才能清醒，在早上的几节课很难专心听讲，所以目前学校的课程安排对大部分高中生来说，没什么益处，小学生的情况也类似。尽管很多学校进行了大量的实验，但只有一所学校找到了更为理想的时间安排，对全天的课程重新进行了规划。

新西兰丹尼丁的福布里小学采用了新的时间安排，我发现新课表产生了积极的影响。新的时间安排如下：

第一节课：上午9：00——10：00（休息10分钟）

第二节课：上午10：10——11：10（休息10分钟）

第三节课：中午11：20——12：20（午饭时间45分钟）

第四节课：下午1：05——2：05（休息10分钟）

第五节课：下午2：15——3：00（放学）

在这张时间表上，第一节课通常不教过于难的内容。相反，第一节课往往是复习课，非学术类课程，甚至是体育课。但是这样的安排很难在其他学校推广，教师不得不在学生不喜欢的时间段教他们较难的内容，还需要尽量满足学生的其他学习需求。老师们还可以增加一些视听触觉等感官活动，播放背景音乐，或者是做些有活力的练习。

# 学生对嘴巴刺激的需求

**信息**

研究表明，对主要是左脑主导的分析型学生来说，吃东西、咀嚼、喝东西都会使其分散注意力，所以，他们学习的时候，不需要嘴部刺激。

然而，右脑主导的综合型学生则恰恰相反，在学习时他们的嘴部必须受到刺激，才能集中精力。所以说他们手头有什么，就会咬什么，笔、铅笔、纸、头发、衣服、指甲，见什么咬什么，尤其是在他们觉得不耐烦、无聊、有压力或沮丧的时候。

大多数学校不允许在教室吃东西，也不允许嚼口香糖，所以有强烈饮食摄入需求的学生总会找点东西塞到嘴里。教师尽量不要批评他们这种行为，和他们讨论一下这种摄取需求，共同找出策略，在不影响课堂秩序也不干扰学习的前提下满足他们的需求。所以，为了营造良好的学习环境，可以允许学生带瓶装水和健康的零食，但是饮料或含糖的、黏的零食是不准出现在教室里的。

**小贴士1**

　　并不是允许所有学生都吃零食，只允许在LSA分析中表现出饮食摄入需求的学生在课堂上吃零食，而且要保证不影响其他学生，而且成绩必须有所提高才行。如果学生具有灵活性，可吃可不吃，那就让他们等到课间再吃。不过，应该允许所有学生喝水。

**小贴士2**

　　如果学生既表现出对饮食摄入的需求，又表现出对触觉刺激的需求，那说明他们有吸烟的危险。尽管吸烟有害健康，但明显满足对嘴巴和手的刺激需求。

# 学生对声音的需求

**信息**

　　学生在学习时，教师最好将纯音乐当成背景音乐，而不是音乐电台的流行音乐。为了让大脑在学习时更活跃，需要选择节奏合适的音乐，舒缓的巴洛克音乐和轻快的古典音乐做背景音乐效果最好。纯音乐可以有效避免歌词带来的干扰，而舒缓的节奏有利于学生放松心情、保持冷静。下面四位作曲家的音乐是比较稳妥的选择。

# 巴洛克音乐和古典音乐

**舒缓的音乐有利于……**

储存信息

文本阅读

反思

复习

**轻快的音乐有利于……**

创造性活动

写作

制作思维导图

头脑风暴

**缓慢的和**

**行板柔板音乐**

**古典音乐和**

**浪漫主义音乐**

**帕赫贝尔**

**阿尔比诺尼**

**维瓦尔第**

**莫扎特**

## 说明

右脑主导的、综合型学生在有声音刺激时，注意力更集中，学习效果更好。而对左脑主导、分析型学生来说，噪声和背景音乐会分散注意力，他们在安静的环境里学习效果最好。

在小学和中学课堂上，偏向综合型学习风格的学生占大多数，这成了喜欢教室保持安静的老师所面临的难题。许多学生能在安静的环境里学习，也不过是因为他们很灵活，可以适应安静的环境。而对于那些极其喜欢声音刺激的学生来说，他们根本抑制不了对声音的需求，也适应不了安静的教室。如果强迫这些学生安安静静地学习，他们通常会自己制造出点声音来，扰乱其他学生。对他们来说，怎么样都比安安静静地待着强。

如何辨别哪些学生喜欢声音刺激呢？爱吵闹的学生就需要声音的刺激。如果没有放背景音乐，学生又需要声音刺激，最简单的办法就是聊天、制造噪声。所以，要学会在教学过程中利用音乐，这一点很重要。

在教学中使用音乐必须遵守一条重要原则：选用的音乐必须能让人愉悦，播放音乐不是为了娱乐，而是为了增强学生注意力，提高学习能力。此外，播放音乐不应该打扰那些想要在安静的环境中学习的学生。所以，老师必须了解所有学生的学习风格，并根据他们的需要分组。

**小贴士**

如果可能的话，把需要声音和音乐刺激的学生单独安排，同需要安静环境的学生分开坐。

LEARNING STYLES
AND PERSONALIZED TEACHING

第 6 章

• • •

# 个性化教室

　　现在尽管许多教室配置了高科技设备，但通常依然沿袭了过去那种传统的陈设方式，根本就不适合需要反传统的舒适学习环境的学生。教室里的摆设、颜色、灯光对学生学习成绩的提高至关重要，这些因素长期与学生的需求不匹配，是学生觉得学习难的一个原因，不过教师们往往意识不到这一点。

# 创建学习风格教室

信息

上面两张图片是新西兰达尼丁市福布里小学的低年级和高年级的教室。教室分为正规区域和非正规区域，满足不同学习风格的学生的需求。所有教室都使用了不同的颜色装饰，为年龄小的学生准备明亮的颜色，为年龄大的学生、好动学生准备的颜色比较柔和一些。日光灯上还罩上了鲜艳的布，这样日光灯就没有那么刺眼了。

**信息**

眼下，许多学校都摆了新家具，装了IT装备，那么，我们为什么还要把教室摆得像卧室一样呢？原因就在于，尽管世界各地的学校都把教室装修得新潮现代，也装了不少高科技设备，可学生的成绩和学业成就还是直线下降。相比之下，那些基于LS原则教学的课堂却带来了积极的变化。

创建LS教室只有一个目的：激发学生的积极性，改善课堂纪律，提高学生成绩。令人遗憾的是，传统教室一般都很正统，桌椅摆得整整齐齐，这使很多学生学起来困难重重。成绩不好、不是学术型的学生所受影响更深，因为他们属于综合型学习风格，所以他们通常需要坐得舒服，在柔和的光线下，听着背景音乐，随时动来动去，这样才学得好。

创建LS教室是一个漫长的过程，或者说是一场革命。教师需要从细微处做起，和学生一起，不断进行改进。如果是在小学，还要让家长参与进来。

在根据学生真正的学习风格创建LS教室前，最好先列出自己想要购买的设备清单，然后筹到足够的资金，并获得相关人员的支持。但是别忘了，所有改变都应该以学生的学习风格分析结果为基础，千万不能是某个老师或学生心血来潮想让学习环境更"舒服"或更"有创意"，就立刻着手改造。说到底，教室是功能性很强的公共空间，用起来应该很舒适，而且每个人都应该珍惜教室。

信息

## LS教室的基本配备

**智慧教室应配备以下设施：**

5台新电脑
5个电脑控制台
5把转椅
5台阿尔法智能打字机
5个记录机
1台能播放CD的磁带机
1台投影仪
3副耳机
2本有声读物
含6片CD的古典音乐合集
教育软件

**图书馆设备：**

2台新电脑
2个电脑控制台
2把转椅
10本有声读物
1台能播放CD的磁带机
1台电视/录像DVD机
3副耳机
含5片CD的古典音乐合集
教育软件
一台覆膜机（最大尺寸为A4纸尺寸）

**教室必须配备的其他必要设施：（3间教室，1间图书馆）**

2套沙发
2把懒人椅
2把儿童充气座椅
1台饮水机
1块磁力板
1块展板
1块白板（带白板笔）
3盏台灯或夹子灯
6个新灯管（58瓦，真彩光）
2块房间隔板
6张矮桌子

1个手推车（用来推书）
2个塑料托盘（当沙盘用）
窗帘或百叶窗
18个储物箱（每个学生一个）
3个大垫子
学生做小垫子用的布和颜料
玩具球（2个大的，5个中等的，10个小的）
3个盆栽
1套室内动感知觉设备
1台风扇（须有制冷和制热功能）
备用的电源插座

上面是新西兰达尼丁市福布里小学在开始实施LS项目时，提出的"心愿清单"。此福布里项目是由芭芭拉·普拉西尼格发起并监督实施，由教育部出资，为期三年，已取得了巨大的成功。

**应用**

　　LS教室建成后，使用前，老师和学生要重点展开讨论，了解每个人的学习风格以及整个班级的LSA特征，熟悉全新的学习环境，并研讨如何使用新教室，以及以后如何维护教室，发挥教室的最佳作用。

　　在LS教室学习要遵守以下基本规则：

　　● 查看学生群体的LSA特征，明确哪些学生需要非正规的学习区域。

　　● 向家长介绍学生的LSA特征和你的计划，并解释你这样做的目的和原因，请他们友情捐赠舒适的家具和设备。

　　● 向学生明确：只要遵守课堂纪律，只要不离开老师的视线，他们可以选择在教室里任何地方做作业，但作业必须完成。

　　● 换到非正规的环境里学习后，学生的学习成绩必须有所提高，至少不能比以前差。

　　● 学习偏好不同的学生相互之间不能干扰或影响。

　　一般认为，在小学建立LS教室比较容易。不过，事实上，即便是到了高中，也有可能营造适合不同学习风格的环境，以供不同学生群体使用。在非常传统的学校，做出这样的改变将产生极其深远的影响，所以必须要一步一步来。如果用心去改变，将产生超乎想象的积极影响。

# 重新布置传统教室

**信息**

传统教室摆设很正式，教师要充分利用拥挤的空间，让学生可以有不同的分组，同时还有一定的私人空间。

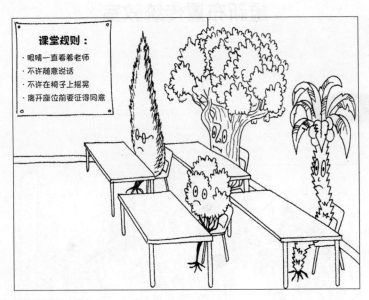

让身体和大脑一起动起来!

**应用**

如果学生的学习风格已经评估完成，师生也讨论过评估结果了，现在就可以考虑重新布置教室了。课堂上的时间宝贵，重新布置看起来好像挺费事的，很浪费时间。不过请你相信，所谓磨刀不误砍柴工，这绝不是浪费时间。因为学生自己也参与了教室布置，所以他们会觉得这是他们自己的功劳，他们会更努力，心情更好，和老师配合得也更默契。

首先，可以让学生清点教室里现有的设备，画出平面图（可以使用电脑画平面图，这样的练习对学生技能的提高很有意义）。然后，和学生讨论如何把现有的教室转变为LS教室，最大限度适合学生不同的学习需求。你会惊讶地发现，学生其实很清楚自己的需求，也知道怎么布置教室使学习效果更好。

让学生自己思考，让教室的布置更舒适，想办法把非正式区域的光线变暗一些。试着让门卫和清洁工参与进来，向他们解释重新布置教室的目的。这样他们不但不会把教室摆回原来的样子，也不会干涉，甚至还可能帮忙。

到了现在，最好把你自己的教学风格告诉学生。如果你的风格和班里大多数学生的学习风格都不一样，一定要让学生明白：你尊重他们的风格，同时也要求大家尊重其他人的学习风格。这样一来，大家就变得更宽容和灵活了。

**小贴士**

　　如果学生不适应你的教学方式，那么你必须学着用他们能够接受的方式授课。

# 对课堂教学流程的实用建议

## 信息

重新布置过的教室可满足不同的学习需求，分为正规区和非正规区隔间和自由移动的区域，有供学生单独学习的桌子，有供小组学习的空间，还有一块空地，供大家集体学习。

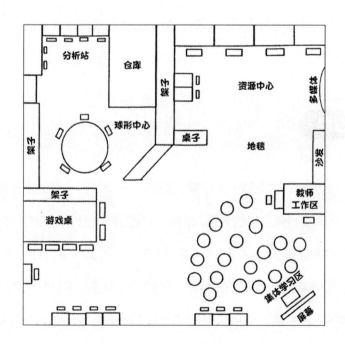

上面是重新布置过的一间教室，在这间教室里，学生可以独立学习，也可以组成不同的小组学习，也可以一起听老师讲。学生们慢慢了解自己和哪些同学一起学习效果最好，而且明确自己应该先做什么活动后，他们就可以自由选择学习区域，同时自由取用教学资源。师生在教室里都应该能够自由活动，如果能开辟出一些"逃离"式自由空间最好，这样，需要在安静环境中学习的学生就有地方可去了。不过，如果课堂总是很活跃，就很难开辟出这样的空间。

### 应用

LS教室其实类似于工作室，把所有活动按照一定的流程安排好，从而达到最理想的效果。比如，LS教室中设有不同的工作站，工作站内配备了LS工具。学生可以在不同的工作站间自由移动，进行不同类别的学习，在不同工作站间自由移动本身就可以满足好动学生的需求。也可以根据学生对不同感觉器官的偏好程度来安排学习活动，从学生最喜欢的感觉器官开始，其他的感觉器官依次安排，这样安排有助于提高学生的灵活性。不仅如此，不同学生在不同时段进行不同类别的学习，资源可以重复利用。比如，同样一个活动，有些学生可能用来学习新知识，有些学生可能用来复习。

还有一点很重要：老师要有一张属于自己的桌子。你可以不允许学生随意乱动老师的桌子，老师的桌子也不一定非要放在教室前面，但摆放的位置很重要，必须能够时刻把学生置于视线范围内。

如果你能安排好学习流程，把各种复杂的任务简化，就会发现教学压力要小很多。对各种资源和活动组织得越好，你在上课时就越放松，学生也越放松。教师在制订教学计划时，不仅要包括教学内容，还要包括教学方法和教学顺序。教学计划设计得越完善，你就越有机会发挥自主性和创造性，同时还不至于跑题。一定要记住，准备越充分，你上课时的自由度越大！

小贴士

　　把教室和家中的工作室比较一下，把工作流程迁移到课堂上，有助于简化日常教学，减轻教学压力。

# 教室里采用不同灯光亮度的重要性

**信息**

从整体学习风格来看，成年人大多数喜欢在明亮的光线下工作、培训，他们根本没有办法想象，学生竟然在光线比较暗的时候学习效果更好。比如，下面这些人的学习风格特征显示，一半人喜欢明亮的光线，所有人在光线较昏暗时不能集中注意力。

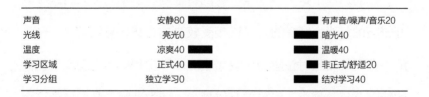

| 声音 | 安静80 | ■ 有声音/噪声/音乐20 |
| --- | --- | --- |
| 光线 | 亮光0 | 暗光40 |
| 温度 | 凉爽40 | ■ 温暖40 |
| 学习区域 | 正式40 | ■ 非正式/舒适20 |
| 学习分组 | 独立学习0 | ■ 结对学习40 |

在比较成年人是否可以灵活适应光线时，结果更为惊人。50%的人有偏好，50%的人认为有灵活性，也就是说所有人都需要明亮的光线，所有人在昏暗的光线下都不能专心学习，所以，

这个群体适合用荧光灯。

| | | | |
|---|---|---|---|
| 声音 | 安静40 | | 有声音/噪声/音乐20 |
| 光线 | 亮光50 | | 暗光50 |
| 温度 | 凉爽50 | | 温暖60 |
| 学习区域 | 正式40 | | 非正式/舒适40 |
| 学习分组 | 独立学习50 | | 结对学习50 |

　　然而，以下这个青少年群体的特征则有所不同：只有20%偏好较亮的灯光，50%的人可以接受较亮的光线，总而言之，50%的人在光线较暗时注意力比较集中。小学生和中学生表现出类似的特点：年龄越小，需要的光线越少。作为老师，必须接受这个事实。

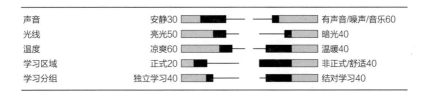

| 声音 | 安静30 | | | | 有声音/噪声/音乐60 |
| 光线 | 亮光50 | | | | 暗光40 |
| 温度 | 凉爽60 | | | | 温暖40 |
| 学习区域 | 正式20 | | | | 非正式/舒适40 |
| 学习分组 | 独立学习40 | | | | 结对学习40 |

## 应用

　　一般来讲，现在每个教室都装了日光灯，并且大部分时间都开着。有些学生是分析型的，在亮光下注意力最集中，日光灯可以给他们以正面刺激。同样，大多数教师也需要明亮的灯光。除非接受过LS培训，否则很多教育工作者根本不知道灯光会对学生的大脑和专注力产生消极的影响。对于右脑主导的综合型学生来说，光线过强，会引发多动症、精神紧张、烦躁不安等。

　　尽管较暗的灯光可以对学生的行为产生非常积极的影响，但调暗教室里的灯光往往最难做到，原因就在于，老师本人往往需要明亮的灯光。不过，我们还是有解决办法的，你只需按照下面的步骤进行：

● 观察通常是哪些人去开灯，哪怕是阳光明媚也要把灯打开，开灯的人往往是喜欢强光的学生和老师。

● 参考学生群体的LSA报告，确定喜欢强光、喜欢暗光、强弱光均可的学生分别有哪些。

● 和学生讨论自身对灯光的需求，请他们描述出，如果必须在不适宜的灯光下学习，他们将会有怎样的感受。

● 如果可能，打开其中一排灯，把其他灯关掉。如果教室里只有一个开关，那就请相关人员把不需要的灯管拿掉。

● 把教室里比较暗的角落里的灯关掉，让综合型学生、阅读能力差的学生和学习成绩差的学生舒舒服服地坐在黑暗的角落里。连续观察六周，看他们是不是更遵守课堂纪律、专注的时间是否更长、成绩是否有所提高，你肯定会收获额外的惊喜。

信息

伯明翰市圣·文森特小学就在教室里划出了舒适的光线较暗的区域和有明亮的灯光照射、摆设正式的学习区域,学生可以根据自己对灯光的偏好,选择适合自己的学习区域。

应用

　　如果很多学生需要较暗的灯光，那就把教室里大片明亮的、白色的地方包起来。如果学生经常觉得烦躁不安，或者说如果学生已被确诊为多动症，那就选择柔和的颜色，让学生冷静下来。如果教室窗户太多，可以用黑布、窗帘或百叶窗把一部分窗户遮起来，挡住阳光，制造出光线相对较暗的学习区域。此外，还可以用彩色的布来反射光线，不过布要离光源远一点。上面这几种方法能让教室像帐篷一样，看起来更多彩、更温馨（参考第127页的图片）。

　　当然，上述种种举措可能会让你觉得不太适应，不过在大部分学生都喜欢在明亮的灯光下学习的情况下，调节灯光确实是个好办法，花费不高，还能帮助那些需要暗光的学生。如果你发现有学生在灯光太亮时要眯着眼睛看东西，或者是学生要求在光线太强时戴太阳镜或遮阳帽时，说明他们偏好较暗的光线，要允许他们戴太阳镜或遮阳帽。毕竟，对成年人来说属于"正常"亮度的灯光，对许多学生来说却太亮了。

在指导差生学习时，你可以彻底把灯都关掉，还可以更加灵活一些，在较暗的自然光下授课。同时，注意观察较暗的灯光对学生的行为和专注时间有什么影响。

你可以和学生展开讨论，引导学生发现自己天生对灯光的喜好。将结果告知家长，以便家长在家中提供合适的灯光。要知道，即便是兄弟姐妹，对灯光亮度的需求也不同，而家长需要的灯光更亮。年龄越大，就需要越亮的灯！

**小贴士**

你可以告诉学生自己需要何种灯光。不过，为了配合他们，你可以忍受较暗的灯光，你会因此获得他们的喜爱。

# 颜色对学习的影响

信息

在英国诺森伯兰克里姆林敦社区高中的学习中心，教室被粉刷成了柔和的颜色，
走廊里为运动型学生提供了学习空间。

在澳大利亚新南威尔士的唐巴朗巴（Tumbarumba）高中，曾经废弃的内部庭院被改成了禅宗花园，以适应当地炎热的气候。

**解释**

　　通常，学校的教室要么就是过于杂乱，要么就是非常单调，然而，介于两者之间的教室才最好。对于教室来说，颜色和灯光最重要，自然光和全谱照明的效果最好。

众所周知，情绪会影响人们的态度和行为，而教室内的颜色则直接影响到师生的情绪，特定的颜色会引发特定的情绪。一般来说，教室里的墙壁不适合刷明亮的颜色，教室的墙壁可以涂成暖色调，也可以涂成冷色调，但是选用的颜色一定要亮，不能灰蒙蒙的。

较深的暖色调会给教室营造出亲密、舒适的感觉（如紫红色、红色、橙红色、橙色、赤土色、橙黄色、黄色）。这些颜色和深蓝色搭配，非常适合有漫长的冷冬的地方。

而轻柔的冷色调（如绿色、蓝绿色、蓝紫色、白色）让教室看起来更宽敞，能起到镇定的效果，这些颜色尤其适合气候温和地区的学校。

学校环境同样重要，有人文气息的校园环境设计可以舒缓好动学生的情绪。学校的建筑装饰不要全用水泥，要配以多种绿色植物，营造出安静的氛围。如上页禅宗花园，已经成为学生最喜爱的地方。

登录下面网站，深入了解关于颜色的相关信息：

www.rockymountainprinting.com，www.glidden.com.

登录下面网站，了解灯光的相关信息：

www.narva-bel.de

在欧洲，全谱照明和生物频谱照明灯是可用的，在美国，可以采购无影灯。

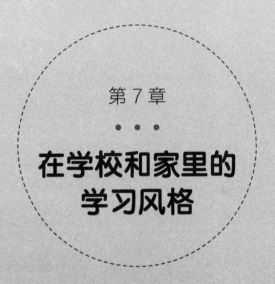

# LEARNING STYLES
# AND PERSONALIZED TEACHING

第 7 章
• • •

## 在学校和家里的
## 学习风格

　　无论是在家里还是在学校，学生都有自己的学习
风格，而且学习需求会随着年龄的变化而发生改变。
老师和家长必须要理解这一点，必须允许学生用自己
喜欢的方式学习，并提供必要的支持，而不是自以为
是，用对待成年人的方式对待他们。

# 学习风格在小学和初中的不同运用

## 信息

　　学生在刚开始接受教育时，学习风格变化非常快，所以，老师要了解学生入校时的学习风格。并了解，学生在升入初中前，生理性风格特征是如何变化的。

澳大利亚唐巴朗巴高中，家长正在忙着缝制窗帘，在教室里创造一个灯光较暗的学习区域。

**解释**

　　初中和小学的情况不同，初中的学习环境更正规（而且使用了更多高科技设备），对学生成绩的要求更高，学生学习和考试的压力也更大。在推行学习风格分析时，要综合考虑这些因素。

　　通常情况下，教师根本没时间也没办法对所有学生进行个性化指导，所以LSA报告就显得尤为重要。从报告中，可以看出学生偏好的学习风格，还有详尽的学习指导。根据LSA报告来教学，可以让学生自己负起责任来，用自己喜欢的方式学习。不过，学校要提供符合学生学习风格的学习环境；要提供相应的经费支持，高中阶段要经常做学生的学习风格分析；要对教师进行培训，调整教学策略，满足学生需求。

　　只要学生的成绩还过得去，课堂不混乱，学校就会觉得花钱深入了解、应用LS太奢侈了。我们常常发现，只有学习差、学不动的学生大量增加，教学水平低得不能接受时，学校才准备使用LSA工具。不过一旦投入使用，老师们就会惊讶地发现，短短六周内效果就非常明显。高中的班级容量比较大，所以老师们一定要注重应用学生团体特征的信息，了解学生的整体需求，将学生分组，针对学生群体设计个性化的教学，并持续跟进，直到取得一定的成效。

　　LSA中的各个特征因素能帮助学生弄清楚对自己最有效的学习方式，并清楚如何发挥自身优势，如何更灵活地适应不同的学习方式。

# 阶梯教室和实验室的个性化教学

**信息**

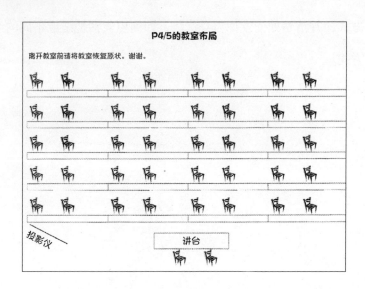

传统的教室和设备固定的实验室很难满足学生的LS需求，不过，你可以根据学生的偏好调整教学方法，触动学生的多个感官。

例如，可以为综合型的学生播放背景音乐，可以允许学生活动，可以让学生分组合作。

在教室里做到公平，并不是说给每个人同样的东西，而是每个人都能得偿所愿。

**解释**

　　如果是在正规的教室和阶梯教室进行教学，就很难满足学生的个性化需求。在这种情况下，学生就更要了解自己的学习风格，而且一定要和老师探讨自己的需求。学生可以因此更加灵活，也懂得在老师的教学风格和自己的学习风格不符时，该如何整合二者的差异。

**在阶梯教室：**

● 要经常使用多感官教学方法。

● 使用尺寸大、颜色醒目的图片。

● 在讲课过程中，要在分析型教学和综合型教学之间切换，要练习着进行"双轨"教学。

● 如果有可能，改变灯光的亮度，划分出较亮的区域和较暗的区域。

● 使用背景音乐，增强学生的大脑功能。

● 上课中间稍事休息，活动一下。

● 允许在教室少量吃健康的零食，允许喝水，但不允许喝软饮料（糖是学习杀手）。

● 授课结束后，允许学生分组讨论，但时间不要超过15～20分钟。

● 增强互动性，增加学生参与度。

● 鼓励学生在家里用适合自己的学习方式学习，家里的学习环境也应该有利于学习。

**在实验室和设施不能移动的教室：**

● 了解学生的学习风格。

● 上面适合在阶梯教室做的事情也适合在实验室和设施不能移动的教室里做。

● 允许需要安静环境的学生在学习时戴耳机。

● 要学生说出怎样才能更有效地利用现有学习环境，从而更加适合他们的学习风格。学生了解自己想怎样学习，所以学生会

提出很多有用、可行的观点，你可能根本想不到学生会提出如此

精彩的观点。

# 学习风格、测试和考试

**信息**

## 学习到底是怎么回事？

接收—加工—储存新信息或
较难的信息

## 考试到底是怎么回事？

不一定用自己喜欢的学习风格
输出信息

**考试就是：**

在大脑运行缓慢的情况下，

克服种种困难，输出信息。

> 但是，如果是用自己喜欢的方式学习并理解了
> 新知识（=信息接收）以后，
> 即便是在考试的压力下，也能够成功输出信息。

上面两张图片选自一次有关学习风格报告用的幻灯片。在那次研讨会上，我做的报告旨在说明信息接收和信息输出截然不同。老师们必须明白：学生如果能被允许用自己偏好的方式学习，那他的考试成绩肯定会不错，因为学生想要展示自己掌握的知识。

**信息**

大量研究和实践经验表明，如果学生了解自己偏好的学习风格，以适合自己的方式学习，准备考试，那他们的考试成绩就会有所提高。

简而言之，基于学习风格的差异化教学可以提高学习成绩。

所以，老师们必须意识到下面几个问题：

● 在讲授新课程和较难的内容时，要尽量满足学生最大的偏好，保证学生集中注意力，提高学习主动性，从而达到最佳学习效果。

● 一旦学生了解了自己的学习风格，并掌握了不同的学习技巧，学生就可以按照学习风格分析报告中的指南，更高效地做好学前准备。

● 鼓励学生在学校、在家里用自己喜好的方式学习，这是考试成绩的最好保障。

● 在书面考试时，可以允许学生喝水、吃健康的零食，同时，最好给那些有触觉需要的学生提供适宜的刺激。

● 在测试和考试期间，学习风格并不太重要，因为学生大多灵活多变，足以在不利的环境中游刃有余。如果备考阶段的授课方法和学生的学习风格相匹配的话，适应考试更不是问题。在教学时应用学习风格策略，学生学得更好，记得更牢，理解得更深，在考试时也更有自信。因为学生一直是用基于学习风格的技巧在学习，所以就算有一定的压力，也更容易想起学过的内容。所以，即便考试和学生的学习风格不符，学生也不会表现得特别糟糕。

# 学习风格分析：家长版

**LSA——低年组：家长版**　　　　　　　　　　　　　　　苏西的样本

---

### 特征概述

在学习较难的知识时，如果苏西能够用自己喜欢的方式学习，则其偏好是她的优势。

相反，如果她不得不经常用自己不喜欢的方式学习时，就成了她的弱势。

她可能会丧失信心，注意力无法集中，没有学习动力，学习出现问题。

不管在学校，在家里，还是在终身学习中，她最好以自己喜欢的方式学习。

**在学习新知识或知识难点时，苏西学习风格的关键因素：**

**苏西的偏好**（怎样学得最好）

---

**主导思维模式**：逻辑思维

---

**感官模式**：听觉（听），听觉（外部的），视觉（外部的），动觉（内部的）

---

**身体需求**：不需要移动，不需要摄入饮食，下午

---

**环境**：安静，温暖，正规的学习区域

---

**社会因素**：家长监督

---

**态度**：内生动力，遵守纪律，其他人指导

**苏西的非偏好**（学习新知识或知识难点时需要避免）

---

**主导思维模式**：无

---

**感官模式**：动觉（外部的）

**环境**

**声音——安静：**（偏好）
苏西需要在安静的环境里才能集中注意力、阅读和写作，家里安静时她学得最好。为了集中注意力，她学习的地方应该安静，并铺有地毯或隔音地板，她也应该戴上耳塞来隔离噪声。总之，她最好在安静、不受干扰的环境里做作业。

**灯光——较暗：**（灵活）
苏西对灯光的需求取决于她做的作业。如果她对作业感兴趣，灯光就不太重要。不过，一般来说，她不太喜欢灯光太亮。换言之，她并不总是喜欢在较暗的灯光下学习，但她同样也不喜欢周围总是亮光。

**温度——温暖：**（偏好）
苏西更喜欢在温暖舒适的环境中学习，所以，天气暖和时，她学习得更好。如果天气太冷，她就很难集中注意力。所以，要允许她使用加热器，或多穿衣服来保暖。

**学习区域——正规：**（偏好）
苏西在比较正规的环境中学习效果最好。她喜欢笔直地坐在椅子上，在书桌上阅读或写作业。如果她坐在沙发上或者是躺着，她随时会睡着，根本不能专心学习，所以，家里最好有正规的像办公室一样的学习区域。

以上节选自某学生LSA概述和报告——家长版，里面详细描述了孩子在家中学习新知识或知识难点时的最佳学习方式。

**解释**

    LSA为低年级和高年级学生提供了LSA家长版，供家长更好地了解孩子的学习风格。研究表明，家长的学习风格往往和孩子截然不同，他们根本就不相信孩子们听着背景音乐、躺在床上、趴在地板上、吃着零食或到处走来走去能学得更好，他们觉得这些都会"干扰"学习。但是，不管他们接不接受，这都是事实，许多青少年（他们属于右脑主导的综合型学习风格）正是这样才学得最好。

在解读LSA概述时，家长应该：

● 找出孩子最喜欢的方式，看孩子拥有不同需求时各要素进行组合的情况——组合不同，学习行为和学习成绩的差异也很大。

● 找出孩子不喜欢的方式，看看孩子不喜欢的是不是恰好是家长喜欢的，或者是不是恰好是家长所认可的"好"的学习方式。

● 尤其要观察孩子对感觉器官的偏好，以及在这方面的灵活度。孩子越喜欢用某种感官学习，信息摄取就越容易；孩子的灵活度越高，学习兴趣和积极性就越制约孩子的学习成绩。

● 和孩子讨论LSA结论，最好和自己的学习风格偏好进行比较，找出风格的异同。孩子和大人的学习方式可能完全不同，必须要接受这个事实。

- 在家里为孩子提供最适合的学习环境。要注意：即便是兄弟姐妹，学习风格也不同，所以学习环境不一定适合所有孩子。

- 关注孩子LSA概述中的问号因素，问号的存在是种警示，说明孩子正承受着巨大的压力，可能急需他人的帮助。

# 使用学习风格测试要做到的事

**信息**

**不要假设所有学生都能按照教师喜欢的方式学习**

有些学习方式（如循序渐进地学习）对你来说有意义，但那些思维方式不同的学生可能会困惑不解。

**不要根据学生对感觉器官的偏好给学生贴标签**

没有所谓的"视觉型"学生或"运动型"学生，没有哪个学生只喜欢用一种感觉器官学习，每个学生至少喜欢综合使用两种感觉器官（有些学生甚至喜欢六种或更多）。

**不要只注意学生不喜欢的学习方式**

要明白，有的学生就是很不喜欢以某种方式学习，甚至经过很长一段时间也无法改变。因此，要多应用学生喜欢的方式，多应用学生觉得可以接受的方式。

**不要放弃差生**

差生只不过是学习风格不太正统而已，如果能够理解差生的学习风格，并能将教学与他们的学习风格匹配起来，那差生也可以学好。

**不要忘了给每间LS教室布置一块舒适的区域**

喜欢在舒适的地方学习的学生可以坐在柔软的沙发上或趴在地板上学习。

**不要把教室里所有课桌都挪走**

总有些学生喜欢笔直地坐在椅子上学习，而那些不喜欢正襟危坐的学生同样需要这些课桌椅。

**不要指望班里所有学生的学习风格都相同或相似**

参考学生群体的LSA概述，观察学生学习风格的异同，据此来给学生分组。

## 应用：在课堂上应用LS时，需要做些什么

**向学生解释**：LSA不是测试，没有及格或不及格之分。告诉家长，LS没有对错之分，也没有好坏之分。

**接受**：每间LS教室必须有一块舒适的地方，让学生可以在较暗的灯光下，坐在柔软的椅子上或坐在地板上学习，甚至在高中也可以实现！

**避免**：不要因为自己需要灯光就把教室里所有灯都打开，年龄小的学生不像成年人需要那么亮的灯光，日光灯会让他们烦躁不安。

**参与**：在重新布置教室时，一方面要参考学生群体整体的风格特征，另一方面要让学生参与设计、布置，确保所有人都能以自己喜欢的方式学习。

**分组**：把喜欢用同一种感觉器官学习的学生分到一组。老师教授新知识或较难的课程内容时，要调整教学方式，以适应学生的学习需求。

**转换**：要在综合型和分析型教学风格之间进行转换，先进行概述，然后再讲解必要的细节。

**使用**：使用动用多种感觉器官的教学方法，使用LS工具，播放背景音乐，允许有饮食摄取需求的学生吃零食，允许移动。

**取消**：如果学生不遵守纪律或者投机取巧时，就取消学生的特权，例如不能再坐柔软的椅子，不能吃零食等。等课堂纪律变好，学生成绩有所提高后，重新让他们享受这些特权。

**发现**：发现你自己的教学风格，将有助于你变得更灵活，能更好地满足学生的学习需求。

## LEARNING STYLES AND PERSONALIZED TEACHING

第 8 章

· · ·

# 面向所有学生的教学

如果教师不了解自己的教学风格，就很难知道该怎么教育学习风格截然不同的学生。个性化的教学一开始的确需要付出大量的心血，但其影响极其深远，会对整个学校，甚至是整个社区产生影响。此外，清晰的自我认知可以减轻日常教学的压力。

# 教学风格分析

信息

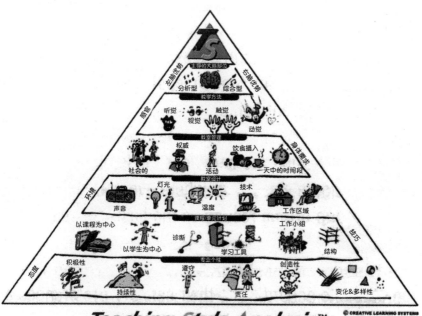

Teaching Style Analysis™ © CREATIVE LEARNING SYSTEMS

TSA-Ed金字塔模型和LSA金字塔模型的要素类似，但是还有两个区别：一是社交因素被纳入另外一个层级，此外还增加了课程/单元计划这个层级，以评估教师的教学技巧。

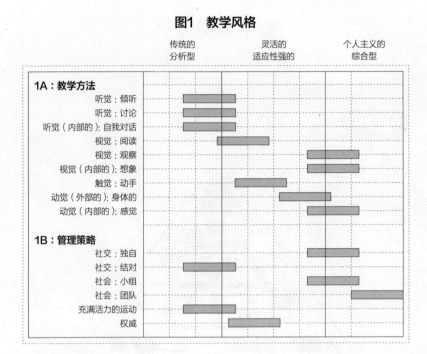

图1　教学风格

**解释**

　　教学风格分析是为教育实践者设计的专业自我发展工具，和 LSA一样，TSA-Ed也是个金字塔模型，包括图表、详尽的个人 报告以及行动计划。

在每个图表下面，都详细描述了这位教师的一般性结论和个性化结论。此外，在所有需要做出改变的部分，还附有一份行动计划，最后，还有非常实用的监测方法。老师每天实施新的教学策略后，可以监测个人进展，并据此调整教学技巧。

**TSA——教育**                                    **伊丽莎白的样本**

---

### 个人报告和专业发展指南

**图表1：教学风格——总分**

**-50到-20分**

如果你的某个因素的得分在-50到-20之间，说明你那个方面的教学风格很传统，或者说你是高度分析型的。

如果大部分因素的得分都在这个范围内，那么，你应该警觉起来，说明你依然在用中规中矩、落伍的方式教学，而这种教学方式对大部分学生来说可能已经不适合了。你应该评估学生的学习风格，了解学生真实的学习需求。在了解了学生的LSA特征之后，你要改变自己的教学风格，使之更加适应学生接受信息的方式。在你备课和教学时，请一定记住：学生之间存在差异。做到这些后，你可能会进入下一个分数区——有一定的灵活性/适应性。

**-20到+20分**

如果你某个因素的得分在-20分到+20分之间，说明你那个方面的教学风格很灵活，或者说你正在从传统的、正规教学向更个性化的综合型指导方法过渡。同时也说明，你也许非常适应学生的学习需求。如果大部分因素的得分都落到这个区域内，你应该高兴才对，说明你在教学时，在不断尝试、创新、学习、探索。

**+20到+50分**

如果你的某个因素的得分落在+20分到+50分之间，说明你那个方面的教学风格已经做到以学生为中心，已经是综合型的了。如果大部分因素的得分都落到了这个区域，说明你已经掌握了全新的教学方法，已经会在尊重个人差异的前提下进行创新教学了。祝贺你，请将出色的工作保持下去吧！

**1A.教学方法（多感官）**

此图表描述了你的多元感官教学方式，而感官教学往往是基于你自己的学习风格而进行的，从中可以看出你通过哪种方式来刺激学生的感官，从而向他们传授知识。

**你个人的得分**

看起来，目前你运用感官的教学方式正在从传统型/分析型向灵活型/可适应和个性化/综合型方法过渡。请继续使用那些能够满足学生个人学习需求的教学方法，你具有一定的灵活性，所以，有可能适应不同学生的学习风格。但是，在某些方面，你依然倾向于用传统的、分析型方法去教所有学生。请注意，这些方法可能适合一部分学生，但对大多数学生来说通常并不适合。因此，你需要找出学生的个人学习风格，相应调整传统教学策略，选择最适合学生需求的多元感官教学方式。

### 图表2　大脑优势

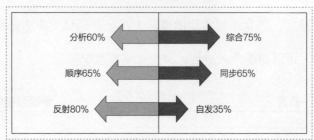

### 图表3　专业个性

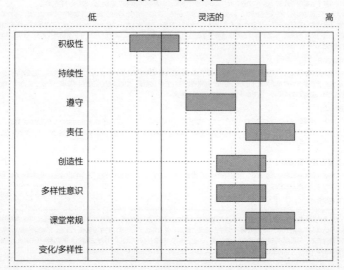

# TSA——教育　　　　　　　　　　　　　　伊丽莎白的样本

**一些值得关心的问题：**

你的一些准备工作主要是关于课程内容的，或者你是否使用一些针对个别学生的教学方法，让学习过程更流畅？

你正在使用诊断性工具（如LSA）去尽可能接近学生的学习风格吗？

你是否为所有学生创造自我纠察学习工具？

你在你的教学中引导学生进行互动活动吗？

你有关于学生将会如何并且和谁进行课堂活动的课前计划吗？

你的计划中分别包含给个别学生、小组和整个班级的任务吗？

你为学生提供一套结构或者允许学生自我建构他们自己的学习任务吗？

**自我提升计划1D：**

1. 我做什么才能使我的规划技巧对学生更加有效？（我的目标）

2. 我应该如何做？（我的行动）

3. 什么时候我应该采取确切的行动，去达到我对新的规划技巧的期望呢？（我的时间框架）

**总述：**

1. 什么

_____

2. 如何

_____

3. 什么时候

_____

**在特殊学科领域：**

1. 什么

_____

2. 如何

_____

3. 什么时候

_____

**图表2：大脑优势**

可分为以下三类：

如果有某些项目的因素分数较高，意味着你在课堂上的教学风格偏好于某种特定的思考风格和信息处理过程。

如果各项分数比较接近，（比如60%分析型，66%综合型），意味着你能够在两种模式之间进行一定的转换。

如果左脑占主导和右脑占主导的得分都比较高（80%及以上），意味着你能够高度整合和灵活地使用左右脑。

**你的个人得分**

## 解释

　　一个人的学习风格对其教学风格有很大的影响，通过TSA，老师可以知道自己的教学风格是否和学生的学习需求相匹配。有了深入的了解，再加上行动计划，老师就可以有一定的灵活性，可以采用新的教学方法，特别是可以满足那些学习风格不同的学生的需求。

　　在使用自我提升行动计划时（参考第183页图表中的范例），我们建议你先从一个方面做起，否则调整过于复杂，一下子难以应付。

## TSA——教育                              伊丽莎白的样本

### 个人报告和专业发展指南

**个人得分**

现在，你在某些领域的职业特质已经表现出了相当高的水准，在某些领域，你具有很强的灵活性，这样，你就可以根据实际情况或者按照自己的愿望改变或改进自己的态度。继续保持灵活性，提升积极性，直到你最终在所有领域都表现出高水准。这样你将对自己的工作更满足，教学也更有创造性，能够更好地与学生、同事以及领导配合。希望你积极实施个人行动计划，实现这些目标。

**自我提升行动计划3：**

1. 职业的哪些方面会让我有压力、沮丧、不满足、筋疲力尽呢？（原因）
2. 我能做些什么，从而使自己变得更积极呢？（目标）
3. 我该怎么做呢？（行动）
4. 我什么时候采取具体的行动，端正态度，让自己更满意，并减轻压力呢？（时间表）

**在课堂上：**

1. 哪些？

_____

2. 什么？

_____

3. 怎样？

_____

4. 何时？

_____

**在学校里：**

1. 哪些？

_____

2. 什么？

_____

3. 怎样？

_____

4. 何时？

_____

在每份TSA概述的最后，都附上了监控系统，可据此实施行动计划，实现你所期望的改变。

# 教学风格要与学习风格相匹配

**信息**

图片是赫尔辛基市一家学习中心粘贴
的健脑操海报，以及非正式的教室。
在这里，师生相处得非常融洽。

解释

　　舒适、愉悦、成功的学习经历总是让人难以忘怀，每个老师和学生都有过这样美好的回忆。当教学方式和学习方式恰好匹配时，通常会出现这种成功的学习经历：学生能够以自己喜欢的方式学习课程内容，而老师恰好使用了相匹配的教学方式，师生在同一频道，教与学是一种积极而愉快的体验。

　　然而，上述情况在学校里并不经常发生。与之相反，由于教学风格与学习风格不匹配，教师往往教得精疲力竭，学生也学得很累，但双方都收效甚微。

　　不过，上面所说的情况完全可以避免。只要教师愿意根据学生喜欢的学习风格教学，并接受过LS的相关培训，就能不断创新，用适合全班学生的方式教学，学生的成绩和满意度将明显提高。

　　首先老师要明白，不同的学生，学习风格具有差异。除此之外，教与学的风格匹配，还有几个重要的前提条件：要研究学生群体学习风格特征，重新布置教室，安排一个有舒适的学习区域的教室，掌握学习工具。

　　为了让学生保持最佳精神状态，应该让学生进行必要的活动。建议定时做健脑操（也称为柔软体操或交叉练习），芬兰各学校近来在推广健脑操，本书第184页上面那张图是相关的海报。

# 如何在学校开展学习风格项目

**信息**

### 十二步行动指南

1. 第一天，对老师进行LS培训。

2. 使用LSA工具评估学生的学习风格。

3. 在一位受过培训的专业人士的领导下解读LSA结论。

4. 策划第一个观察期，至少观察七个学习日。

5. 和学生分享LSA结论，组织一次家长会。

6. 引入多感官教学方法，根据学生的喜好把学生分组。

7. 调整教学方法以同时适应分析型和综合型的学生。

8. 与学生一起，根据学生团体的整体特征重新布置教室。

9. 引入LS工具，让学生创造属于自己的工具。

10. 仔细监控并评估变化过程。

11. 让更多师生参与学校全新的LS教学。

12. 成为应用学习风格的模范校，向其他学校进行展示。

## 解释：监控并评估变化过程

我建议大家按照下列指南来监控并评估变化过程，这些策略已经在不同国家实践并印证过。

1. 做好LS项目计划后，在正式引入实施前，先评估一下学生数学、英语、阅读等科目的成绩（也可以使用现有的成绩记录），然后评估学生的学习风格。接着，实施LS项目，该项目至少实施三个月的时间。然后，再次评估学生对应科目的成绩，接着实施LS项目三到六个月，然后对学生对应科目的成绩进行最终评估。最后，将没有实施LS项目前的成绩和项目实施后的成绩存档、统计。

2. 选出两组学生，一个为实验组，一个为控制组。观察两组学生的学习态度、行为、动力、遵守纪律的情况，以及对班级/学校发展有重要影响的其他因素。评估实验组的学习风格，然后用LS教学方法对实验组开展教学。与此同时，用以前的教学方法教控制组。整个过程持续三个月，并记录实验组的所有变化，三个月后，再次评估实验组和控制组学生的学习态度、积极性等，进行比较。

3. 选出一组成绩差的学生，收集整理他们以前比较差的成绩。用LSA工具评估这些学生的学习风格，用TSA工具评估老师的教学风格，并找出二者相匹配的地方。然后用适合这些差生学习方法的教学方法教他们，并至少持续三个月的时间（最好持续一学年）。像平常一样，在学期末或学年末评估这些学生的成绩，把变化记录下来，与之前的成绩进行比较。

**小贴士**

　　绝对不要想着走捷径，学习风格是一个长期不断发展和改进的过程，可能需要好几年的时间，甚至可以说，永远也没有完成这一说法。

# 如何进行个性化教学

## 如何进行个性化教学

以下内容摘自我的培训教材，老师在日常工作中可遵照执行。

## 我是你们的老师，我会：

- 支持你们
- 鼓励你们
- 向你们提出质疑
- 倾听你们
- 真诚对待你们
- 尊重你们
- 向你们学习
- 尽我所能，用最有效的方法开展教学

**但我不会替你们把所有事都做完。**

**我们的教室是这样一个地方：**

· 有趣
· 安全、积极
· 能够支持你
· 很活跃，师生可互动
· 你随时可以提问

## 有助于成功的最后几点建议

### 学生的学习动力

老师使用学习风格分析来观察学生，可以从外部激励，也可以从内部激励。如果外部的激励不能激发学生动力，那么，给奖励和特权，也都不能让他们提高成绩，因为他们根本就不在乎这些。相反，小小奖励往往会被他们认为很幼稚，不会觉得高兴。

对于喜欢外部激励的学生来说，传统的"胡萝卜加大棒"的策略很管用，但对于那些动机来自内部、不参与课堂的学生来说，个性化的教学方法才可能是解决之道。很可能这些学生想学习，但他们发现自己的学习方法和老师的要求完全不同，或者说他们认为课程内容枯燥无味，完全不感兴趣。只要能够正确地加以引导，这种内部动机其实最能鞭策学生。

## 对指导和多样性的需求

多观察学生对结构/指导和多样性的需求，确保你的教学方法尽可能满足这些需求。如果学生喜欢自我管理，不希望你严密监督，那就让他们自己决定如何完成学习任务。

## 提醒

学习风格无所谓好坏，只分适合不适合每个学生或者某些学生而已。同样，你自己也有独特的学习风格，学习风格也将转化为你的教学风格，同样也并不一定适合每个学生。努力尝试使教学风格更灵活一些吧，这样能为你减轻很多压力。

**最后一点**

要欣赏学生多样的学习风格，不停探索，找寻新的方法来力求尽可能适合所有学生。因为他们都想学习——只不过要用自己的方式！

扫码关注公众号
免费听《高效能人士的七个习惯》有声书

# "常青藤"书系—中青文教师用书总目录

| 书名 | 书号 | 定价 |
|---|---|---|
| **特别推荐——从优秀到卓越系列** | | |
| 从优秀教师到卓越教师：极具影响力的日常教学策略（入选浙江省教师节用书） | 9787515312378 | 33.80 |
| 从优秀教学到卓越教学：让学生专注学习的最实用教学指南 | 9787515324227 | 39.90 |
| 从优秀学校到卓越学校：他们的校长在哪些方面做得更好 | 9787515325637 | 33.80 |
| 卓越课堂管理（中国教育新闻网2015年度"影响教师的100本书"） | 9787515331362 | 68.00 |
| **名师新经典/教育名著** | | |
| 马文·柯林斯的教育之道：通往卓越教育的路径（两度拒任美国教育部长的当代传奇教师。朱永新倾情作序，李希贵、哈佛大学幸福课沙哈尔、斯坦福大学德韦克教授力荐） | 9787515355122 | 49.80 |
| 如何当好一名学校中层：快速提升中层能力、成就优秀学校的31个高效策略 | 9787515346519 | 29.00 |
| 像冠军一样教学：引领学生走向卓越的62个教学诀窍 | 9787515343488 | 49.00 |
| 像冠军一样教学2：引领教师掌握62个教学诀窍的实操手册与教学资源 | 9787515352022 | 68.00 |
| 如何成为高效能教师（美国最畅销教师用书，销量超过350万册，教师培训第一书） | 9787515301747 | 89.00 |
| 给教师的101条建议（第三版）（《中国教育报》"最佳图书"奖） | 9787515342665 | 33.00 |
| 改善学生课堂表现的50个方法（入选《中国教育报》"影响教师的100本书"） | 9787500693536 | 33.00 |
| 改善学生课堂表现的50个方法操作指南：小技巧获得大改变 | 9787515334783 | 29.00 |
| 优秀教师一定要知道的17件事（美国当前最有影响教育畅销书作者全新力作） | 9787515342726 | 23.00 |
| 美国中小学世界历史读本/世界地理读本/艺术史读本 | 9787515317397等 | 106.00 |
| 美国语文读本1-6 | 9787515314624等 | 252.70 |
| 和优秀教师一起读苏霍姆林斯基 | 9787500698401 | 27.00 |
| 快速破解60个日常教学难题 | 9787515339320 | 33.00 |
| 美国最好的中学是怎样的——让孩子成为学习高手的乐园 | 9787515344713 | 28.00 |
| 建立以学习共同体为导向的师生关系：让教育的复杂问题变得简单 | 9787515353449 | 33.80 |
| **教师成长/专业素养** | | |
| 像领袖一样教学：改变学生命运，使学生变得更好（中国教育新闻网2015年度"影响教师的100本书"） | 9787515355375 | 49.00 |
| 你的第一年：新教师如何生存和发展 | 9787515351599 | 33.80 |
| 教师精力管理：让教师高效教学，学生自主学习 | 9787515349169 | 28.00 |
| 如何使学生成为优秀的思考者和学习者：哈佛大学教育学院课堂思考解决方案 | 9787515348155 | 39.80 |
| 反思性教学：一个已被证明能让所有教师做到最好的培训项目（30周年纪念版） | 9787515347837 | 49.00 |
| 凭什么让学生服你：极具影响力的日常教育策略（中国教育新闻网2017年度"影响教师的100本书"） | 9787515347554 | 28.00 |
| 运用积极心理学提高学生成绩（中国教育新闻网2017年度"影响教师的100本书"） | 9787515345680 | 39.80 |
| 可见的学习与思维教学：让教学对学生可见，让学习对教师可见（中国教育报2017年度"教师最喜爱的100本书"） | 9787515345000 | 29.80 |

| 书名 | 书号 | 定价 |
|---|---|---|
| 可见的学习与思维教学：成长型思维教学的54个教学资源：教学资源版 | 9787515354743 | 36.00 |
| 教学是一段旅程：成长为卓越教师你一定要知道的事 | 9787515344478 | 39.00 |
| 安奈特·布鲁肖写给教师的101首诗 | 9787515340982 | 35.00 |
| 万人迷老师养成宝典学习指南 | 9787515340784 | 28.00 |
| 中小学教师职业道德培训手册：师德的定义、养成与评估 | 9787515340777 | 32.00 |
| 成为顶尖教师的10项修炼（中国教育新闻网2015年度"影响教师的100本书"） | 9787515334066 | 35.00 |
| ★ T. E. T. 教师效能训练：一个已被证明能让所有年龄学生做到最好的培训项目（30周年纪念版）（中国教育新闻网2015年度"影响教师的100本书"） | 9787515332284 | 39.00 |
| 教学需要打破常规：全世界最受欢迎的创意教学法（中国教育新闻网2015年度"影响教师的100本书"） | 9787515331591 | 33.00 |
| 10天卓越教师自我培训（教育家安奈特·布鲁肖顶尖卓越教师培训教材） | 9787515329925 | 29.00 |
| 给幼儿教师的100个创意：幼儿园班级设计与管理 / 为幼升小做准备 | 9787515330310等 | 58.00 |
| 给小学教师的100个创意：发展思维能力 | 9787515327402 | 29.00 |
| 给中学教师的100个创意：如何激发学生的天赋和特长 / 杰出的教学 / 快速改善学生课堂表现 | 9787515330723等 | 87.90 |
| 以学生为中心的翻转教学11法 | 9787515328386 | 29.00 |
| 如何使教师保持职业激情 | 9787515305868 | 29.00 |
| ★ 如何培训高效能教师：来自全美权威教师培训项目的建议 | 9787515324685 | 32.00 |
| 良好教学效果的12试金石：每天都需要专注的事情清单 | 9787515326283 | 29.90 |
| ★ 让每个学生主动参与学习的37个技巧 | 9787515320526 | 28.00 |
| 给教师的40堂培训课：教师学习与发展的最佳实操手册 | 9787515352787 | 39.90 |
| 提高学生学习效率的9种教学方法 | 9787515310954 | 27.80 |
| ★ 优秀教师的课堂艺术：唤醒快乐积极的教学技能手册 | 9787515342719 | 26.00 |
| ★ 万人迷老师养成宝典（第2版）（入选《中国教育报》"2010年影响教师的100本书"） | 9787515342702 | 29.00 |
| 高效能教师的9个习惯 | 9787500699316 | 23.00 |
| ★ 好老师可以避免的20个课堂错误（入选《中国教育报》"2010年影响教师的100本书"） | 9787500688785 | 21.50 |
| **课堂教学/课堂管理** | | |
| 如何在课堂上实现卓越的教与学 | 9787515358321 | 49.00 |
| 基于学习风格的差异化教学 | 9787515358437 | 39.90 |
| 如何在课堂上提问：好问题胜过好答案 | 9787515358253 | 39.00 |
| 高度参与的课堂：提高学生专注力的沉浸式教学 | 9787515357522 | 39.90 |
| 让学习变得有趣 | 9787515357782 | 39.00 |
| 如何利用学校网络进行项目式学习和个性化学习 | 9787515357591 | 39.90 |
| 基于问题导向的互动式、启发式与探究式课堂教学法 | 9787515356792 | 49.00 |
| 如何在课堂中使用讨论：引导学生讨论式学习的60种课堂活动 | 9787515357027 | 38.00 |
| 如何在课堂中使用差异化教学 | 9787515357010 | 39.90 |

| 书名 | 书号 | 定价 |
|---|---|---|
| 如何在课堂中培养成长型思维 | 9787515356754 | 39.90 |
| 每一位教师都是领导者：重新定义教学领导力 | 9787515356518 | 39.90 |
| 教室里的1-2-3魔法教学：美国广泛使用的从学前到八年级的有效课堂纪律管理 | 9787515355986 | 39.90 |
| 如何在课堂中使用布卢姆教育目标分类法 | 9787515355658 | 39.00 |
| 如何在课堂上使用学习评估 | 9787515355597 | 39.00 |
| 7天建立行之有效的课堂管理系统：以学生为中心的分层式正面管教 | 9787515355269 | 29.90 |
| 积极课堂：如何更好地解决课堂纪律与学生的冲突 | 9787515354590 | 38.00 |
| 设计智慧课堂：培养学生一生受用的学习习惯与思维方式 | 9787515352770 | 39.00 |
| 追求学习结果的88个经典教学设计：轻松打造学生积极参与的互动课堂 | 9787515353524 | 39.00 |
| 从备课开始的100个课堂活动设计：创造积极课堂环境和学习乐趣的教师工具包 | 9787515353432 | 33.80 |
| 老师怎么教，学生才能记得住 | 9787515353067 | 48.00 |
| 多维互动式课堂管理：50个行之有效的方法助你事半功倍 | 9787515353395 | 39.80 |
| 智能课堂设计清单：帮助教师建立一套规范程序和做事方法 | 9787515352985 | 49.90 |
| 提升学生小组合作学习的56个策略：让学生变得专注、自信、会学习 | 9787515352954 | 29.90 |
| 快速处理学生行为问题的52个方法：让学生变得自律、专注、爱学习 | 9787515352428 | 39.00 |
| 王牌教学法：罗恩·克拉克学校的创意课堂 | 9787515352145 | 39.80 |
| 让学生快速融入课堂的88个趣味游戏：让上课变得新颖、紧凑、有成效 | 9787515351889 | 39.00 |
| 如何调动与激励学生：唤醒每个内在学习者（李希贵校长推荐全校教师研读） | 9787515350448 | 39.80 |
| 合作学习技能35课：培养学生的协作能力和未来竞争力 | 9787515340524 | 45.00 |
| 基于课程标准的STEM教学设计：有趣有料有效的STEM跨学科培养教学方案 | 9787515349879 | 68.00 |
| 如何设计教学细节：好课堂是设计出来的 | 9787515349152 | 39.00 |
| 15秒课堂管理法：让上课变得有料、有趣、有秩序 | 9787515348490 | 33.80 |
| 混合式教学：技术工具辅助教学实操手册 | 9787515347073 | 39.80 |
| 从备课开始的50个创意教学法 | 9787515346618 | 29.00 |
| 中学生实现成绩突破的40个引导方法 | 9787515345192 | 33.00 |
| 给小学教师的100个简单的科学实验创意 | 9787515342481 | 39.00 |
| 老师如何提问，学生才会思考 | 9787515341217 | 33.80 |
| 教师如何提高学生小组合作学习效率 | 9787515340340 | 29.00 |
| 卓越教师的200条教学策略 | 9787515340401 | 35.00 |
| 中小学生执行力训练手册：教出高效、专注、有自信的学生 | 9787515335384 | 33.80 |
| 从课堂开始的创客教育：培养每一位学生的创造能力 | 9787515342047 | 33.00 |
| 提高学生学习专注力的8个方法：打造深度学习课堂 | 9787515333557 | 35.00 |
| 改善学生学习态度的58个建议 | 9787515324067 | 25.00 |
| 全脑教学（中国教育新闻网2015年度"影响教师的100本书"） | 9787515323169 | 38.00 |

| | 书名 | 书号 | 定价 |
|---|---|---|---|
| ★ | 全脑教学与成长型思维教学：提高学生学习力的92个课堂游戏 | 9787515349466 | 39.00 |
| ★ | 哈佛大学教育学院思维训练课 | 9787515325101 | 36.00 |
| | 完美结束一堂课的35个好创意 | 9787515325163 | 28.00 |
| | 如何更好地教学：优秀教师一定要知道的事（被英国教育界奉为圣经的教学用书） | 9787515324609 | 36.00 |
| | 带着目的教与学 | 9787515323978 | 28.00 |
| ★ | 美国中小学生社会技能课程与活动（学前阶段/1-3年级/4-6年级/7-12年级） | 9787515322537等 | 153.80 |
| | 彻底走出教学误区：开启轻松智能课堂管理的45个方法 | 9787515322285 | 28.00 |
| | 破解问题学生的行为密码：如何教好焦虑、逆反、孤僻、暴躁、早熟的学生 | 9787515322292 | 36.00 |
| | 13个教学难题解决手册 | 9787515320502 | 28.00 |
| ★ | 让学生爱上学习的165个课堂游戏 | 9787515319032 | 39.00 |
| | 美国学生游戏与素质训练手册：培养孩子合作、自尊、沟通、情商的103种教育游戏 | 9787515325156 | 36.00 |
| | 老师怎么说，学生才会听 | 9787515312057 | 28.00 |
| | 快乐教学：如何让学生积极与你互动（入选《中国教育报》"影响教师的100本书"） | 9787500696087 | 29.00 |
| ★ | 老师怎么教，学生才会提问 | 9787515317410 | 29.00 |
| ★ | 快速改善课堂纪律的75个方法 | 9787515313665 | 28.00 |
| ★ | 教学可以很简单：高效能教师轻松教学7法 | 9787515314457 | 39.00 |
| ★ | 好老师应对课堂挑战的25个方法（《给教师的101条建议》作者新书） | 9787500699378 | 25.00 |
| ★ | 好老师激励后进生的21个课堂技巧 | 9787515311838 | 23.80 |
| | 开始和结束一堂课的50个好创意 | 9787515312071 | 29.80 |
| | 好老师因材施教的12个方法（美国著名教师伊莉莎白"好老师"三部曲） | 9787500694847 | 22.00 |
| ★ | 如何打造高效能课堂（美国《学习》杂志"教师必选"奖，"激励教师组织"推荐书目） | 9787500680666 | 29.00 |
| | 合理有据的教师评价：课堂评估衡量学生进步 | 9787515330815 | 29.00 |
| **班主任工作/德育** | | | |
| ★ | 北京四中8班的教育奇迹 | 9787515321608 | 36.00 |
| ★ | 师德教育培训手册 | 9787515326627 | 29.80 |
| | 中小学教师职业道德培训手册：师德的定义、养成与评估 | 9787515340777 | 32.00 |
| ★ | 好老师征服后进生的14堂课（美国著名教师伊莉莎白"好老师"三部曲） | 9787500693819 | 25.00 |
| | 优秀班主任的50条建议：师德教育感动读本（《中国教育报》专题推荐） | 9787515305752 | 23.00 |
| **学校管理/校长领导力** | | | |
| | 重新设计一所好学校：简单、合理、多样化地解构和重塑现有学习空间和学校环境 | 9787515356129 | 49.00 |
| | 让樱花绽放英华 | 9787515355603 | 79.00 |
| | 学校管理者平衡时间和精力的21个方法 | 9787515349886 | 29.90 |
| | 校长引导中层和教师思考的50个问题 | 9787515349176 | 29.00 |
| | 如何定义、评估和改变学校文化 | 9787515340371 | 29.80 |

| 书名 | 书号 | 定价 |
|---|---|---|
| 优秀校长一定要做的18件事（入选《中国教育报》"2009年影响教师的100本书"） | 9787515342733 | 26.00 |
| **学科教学/教科研** | | |
| 美国学生写作技能训练 | 9787515355979 | 39.90 |
| 《道德经》妙解、导读与分享（诵读版） | 9787515351407 | 49.00 |
| 京沪穗江浙名校名师联手教你：如何写好中考作文 | 9787515356570 | 49.90 |
| 京沪穗江浙名校名师联手授课：如何写好高考作文 | 9787515356686 | 49.80 |
| 人大附中中考作文取胜之道 | 9787515345567 | 39.80 |
| 人大附中高考作文取胜之道 | 9787515320694 | 33.80 |
| 人大附中学生这样学语文：走近经典名著 | 9787515328959 | 33.80 |
| 四界语文（中国教育报2017年度"教师喜爱的100本书"） | 9787515348483 | 49.00 |
| 让小学一年级孩子爱上阅读的40个方法 | 9787515307589 | 30.00 |
| 让学生爱上数学的48个游戏 | 9787515326207 | 26.00 |
| 轻松100课教会孩子阅读英文 | 9787515338781 | 88.00 |
| **情商教育/心理咨询** | | |
| 9节课，教你读懂孩子：妙解亲子教育、青春期教育、隔代教育难题 | 9787515351056 | 39.80 |
| 学生版盖洛普优势识别器（独一无二的优势测量工具） | 9787515350387 | 169.00 |
| 与孩子好好说话（获"美国国家育儿出版物（NAPPA）金奖"，沟通圣经） | 9787515350370 | 39.80 |
| 中小学心理教师的10项修炼 | 9787515309347 | 36.00 |
| 别和青春期的孩子较劲（增订版）（入选《中国教育报》"2009年影响教师的100本书"） | 9787515343075 | 28.00 |
| 100条让孩子胜出的社交规则 | 9787515327648 | 28.00 |
| 守护孩子安全一定要知道的17个方法 | 9787515326405 | 32.00 |
| **幼儿园/学前教育** | | |
| 美国儿童自然拼读启蒙课：至关重要的早期阅读训练系统 | 9787515351933 | 49.80 |
| 幼儿园30个大主题活动精选：让工作更轻松的整合技巧 | 9787515339627 | 39.80 |
| 美国幼儿教育活动大百科：3-6岁儿童学习与发展指南用书<br>科学/艺术/健康与语言/社会 | 9787515324265等 | 600.00 |
| 蒙台梭利早期教育法：3-6岁儿童发展指南（理论版） | 9787515322544 | 29.80 |
| 蒙台梭利儿童教育手册：3-6岁儿童发展指南（实践版） | 9787515307664 | 25.00 |
| 自由地学习：华德福的幼儿园教育 | 9787515328300 | 29.90 |
| 赞美你：奥巴马给女儿的信 | 9787515303222 | 19.90 |
| 史上最接地气的幼儿书单 | 9787515329185 | 39.80 |
| **教育主张/教育视野** | | |
| 培养改变世界的学习者：美国最好的教育给我们的启示 | 9787515356877 | 39.90 |
| 教出阅读力 | 9787515352800 | 39.90 |

| 书名 | 书号 | 定价 |
|---|---|---|
| 为学生赋能：当学生自己掌控学习时，会发生什么 | 9787515352848 | 33.00 |
| 如何用设计思维创意教学：风靡全球的创造力培养方法 | 9787515352367 | 39.80 |
| 如何发现孩子：实践蒙台梭利解放天性的趣味游戏 | 9787515325750 | 32.00 |
| 如何学习：用更短的时间达到更佳效果和更好成绩 | 9787515349084 | 49.00 |
| 教师和家长共同培养卓越学生的10个策略 | 9787515331355 | 27.00 |
| ★ 如何阅读：一个已被证实的低投入高回报的学习方法 | 9787515346847 | 39.00 |
| ★ 芬兰教育全球第一的秘密（珍藏版）（《中国教育报》等主流媒体专题推荐） | 9787515342610 | 28.00 |
| 世界最好的教育给父母和教师的45堂必修课（《芬兰教育全球第一的秘密》2） | 9787515342696 | 28.00 |
| ★ 杰出青少年的7个习惯（精英版）（中小学图书馆推荐书目、中国青少年必读书目） | 9787515342672 | 39.00 |
| 杰出青少年的7个习惯（成长版） | 9787515335155 | 29.00 |
| ★ 杰出青少年的6个决定（领袖版）（中小学图书馆推荐书目、中国青少年必读书目、全国优秀出版物奖） | 9787515342658 | 28.00 |
| ★ 7个习惯教出优秀学生（第2版）（全球第一畅销书《高效能人士的七个习惯》教师版） | 9787515342573 | 29.00 |
| 学习的科学：如何学习得更好更快（入选中国教育网2016年度"影响教师的100本书"） | 9787515341767 | 39.80 |
| 杰出青少年构建内心世界的5个坐标（中国青少年成长公开课） | 9787515314952 | 59.00 |
| ★ 跳出教育的盒子（第2版）（美国中小学教学经典畅销书） | 9787515344676 | 35.00 |
| 夏烈教授给高中生的19场讲座（入选《中国教育报》"2013年最受教师欢迎的100本书"） | 9787515318813 | 29.90 |
| ★ 学习之道：美国公认经典学习书 | 9787515342641 | 39.00 |
| ★ 翻转学习：如何更好地实践翻转课堂与慕课教学（中国教育新闻网2015年度"影响教师的100本书"） | 9787515334837 | 32.00 |
| ★ 翻转课堂与慕课教学：一场正在到来的教育变革 | 9787515328232 | 26.00 |
| 翻转课堂与混合式教学：互联网+时代，教育变革的最佳解决方案 | 9787515349022 | 29.80 |
| 翻转课堂与深度学习：人工智能时代，以学生为中心的智慧教学 | 9787515351582 | 29.80 |
| ★ 奇迹学校：震撼美国教育界的教学传奇（中国教育新闻网2015年度"影响教师的100本书"） | 9787515327044 | 36.00 |
| ★ 学校是一段旅程：华德福教师1-8年级教学手记 | 9787515327945 | 32.00 |
| ★ 高效能人士的七个习惯（30周年纪念版）（全球畅销书） | 9787515350585 | 79.00 |

**您可以通过如下途径购买：**

1. 书　　店：各地新华书店、教育书店。
2. 网上书店：当当网（www.dangdang.com）、亚马逊中国网（www.amazon.cn）、天猫（zqwts.tmall.com）、京东网（www.360buy.com）。
3. 团　　购：各地教育部门、学校、教师培训机构、图书馆团购，可享受特别优惠。
　　购书热线：010-65511270 / 65516873